一歩踏み出す勇気が出ないと思ったら読む本

長嶋哲夫 編著

セルバ出版

はじめに

私は、現在、企業の社員教育や大学での就職支援のほか、プロフェッショナル・スチューデント・ファーム（以下、ＰＳＦと略称します）という成果を出せる人材を輩出するスクールの運営をしています。

ＰＳＦを設立してから、学生さんと話す機会が増えました。ＰＳＦに自分からくる学生さんは、一歩踏み出す勇気があります。そういう学生さんは、全体の２割程度です。

誤解のないようにお伝えしますが、２割の学生さんと８割の学生さんとの違いは、能力ではありません。違うのは「気持ち」です。２割の学生さんは、既に自分で何かやっている、もしくは、自分から質問できる方達です。

残りの８割の中に、何かしなければいけない、と思っても何をしていいかわからない、勇気が出ないという学生さんが多くいると思っています。

未経験のことに挑戦するのが怖い、また、失敗したくないという気持ちが強いからこそ、なかなか自分から動くことができないのだと思います。

今、私から８割の学生さんに話すことができる機会を持とうと、学生さんが主催する飲み会や交流会に顔を出すなどして、自分でその機会をつくっています。

そこで話していて感じることは、社会人と交流したいが、何を質問したらいいのかわからないという学生がほとんどだということです。そのため、社会人に会っても申し訳ないという気持ちになるので、会いにくいそうです。就職活動になれば仕方ないが、それまでは無理して会う必要もないと考えているようです。

そこで、これは提案です。まずはこちらから道筋を提示するので、ある程度の自信や力が身につくまでは、私の言うとおりに動いてみるのはいかがでしょうか。

自分に自信や力がつけば、自分で考えて行動できるようになると思います。まずは、1年間でも半年間でもいいので、本書に書いてあるとおりに、自分を動かしてみてください。

しかしながら、最後に決断し行動を起こすのはみなさんであるため、読むに当たり覚悟を決めてください。

これまで何らかの形で対応した学生さんすべてから感謝はされていますので、参考になると確信しています。

平成25年7月

長嶋　哲夫

一歩踏み出す勇気が出ないと思ったら読む本　目次

3章　就職活動でよく悩んでしまうこと

4章　踏み出すための準備

5章　一歩踏み出せた先

6章　プロフェッショナル・スチューデント・ファーム（ＰＳＦ）の概要

9章　PSF生・顧問の方へのインタビューと今後の展開

1章　踏み出せない自分を知る

1　一歩踏み出せないということ

踏み出す勇気を持てないとき

みなさんが踏み出す勇気を持てないのは、どのようなときですか。やるかやらないかで悩んだ末、やっぱりやめようと諦めた経験や、色々と考えてみても堂々巡りで、前に進むことができずに焦りやいらだちを感じた経験はありませんか。

本書は、そんな「一歩踏み出す勇気の出ない人」に向けて書いた本です。現状から抜け出したい、勇気ある一歩を踏み出したい人が、実際に行動を起こすにはどうしたらいいのかをお話します。

本書を手に取ったみなさんは、現状に満足しておらず、現状をどうにか変えたいと思っているために本書を手に取ってくださったのでしょう。その点では、みなさんはもう既にはじめの一歩を踏み出すことができているのです。自分に必要だと思ったところだけでも構いませんので、読み進めてみてください。

一歩踏み出せないこと

「一歩踏み出せない」とは、どのようなことでしょうか。

一歩踏み出せないとは、目の前にある問題に対し、挑戦していくか否かで悩み、何も行動しないことを意味します。どうしたらいいかわからず、立ち止った状態のまま、現状を維持しているというところでしょうか。

たとえば、好きな人がいて、自分はその人に片思いしているとしましょう。連絡先を聞いたのに、自分からは相手にどう思われるのかわからず、連絡できないという状態です。連絡したら、相手に迷惑だと思われるかもしれない。しかし、自分はその人とは付き合いたいと思っています。

このような状況の中、考えているだけで実際に行動をしないのは、一歩踏み出せない状態です。

一歩踏み出すこと

そもそも「一歩踏み出す」とは、どのような意味でしょうか。それは、勇気がいることに挑戦する、今までの自分ではやらなかったこと、今まで経験していないことに挑戦することです。

たとえば、高校生のときには美術部だった人が、大学生になってバドミントンサークルに入ることも一歩踏み出すことです。また、初対面の人に話しかけることのできなかった人が、自分から挨拶をすることによって、話しかけることができるようになったというのもその1例です。

一歩踏み出すことは、何でも構いません。片思いの人に連絡をすることでも、興味のあるサークルに見学に行ってみることでも、たまたま隣の席に座った人に話しかけてみることでもいいです。

どんなことでもいいので、自分の中で一歩踏み出したいと思うことを1つ考えながら読んでください。

2　一歩踏み出せない理由その1

自分はなぜ踏み出せないのかという理由に気づこう

みなさんが一歩踏み出すことができないのは、なぜでしょうか。

ここでは、踏み出せない様々な理由をあげ、「自分はなぜ踏み出せないのか」という理由に気づいてもらいたいと思います。全部で7つありますが、2項に分けてご紹介します。

4章「踏み出すための準備」では、実際に踏み出すためにはどのように考え、行動すればいいのかを紹介していきます。

5章「一歩踏み出せた先」では、踏み出した後のヒントになることを紹介しますので、併せて参照してください。

理由①面倒くさい

一歩踏み出したときに生じる困難が面倒くさいという人です。恐らくこれが一歩踏み出すことのできない最も大きな理由なのではないでしょうか。誰でも、困難なことはなるべくなら避けて通りたいと思っています。困難に直面するとストレスもかかりますし、それを乗り越えなければならないと思うと、できることなら避けて通りたいと思うのはみなさんも同じでしょう。

しかし、学生のうちなら避け続けることもできるかもしれませんが、社会人になってからはそうはいかなくなってしまうものです。面倒くさいからやらないを繰り返していたら、自分のところに仕事なんて回ってこなくなってしまいます。学生のみなさんには、そうなる前に、面倒くささを克服する価値観をお伝えしたいと思います。

面倒くさいから一歩踏み出せないでいるみなさんは、主に「ＧＩＶＥの精神を持とう」「辞めたいと思ってからがスタート」の項目を参考にしていただきたいと思います。

理由②やりたいことがない

これといってやりたいことがないので、何も行動を起こさないという人です。最近の若い人には多いかもしれないですね。特にやりたいことがなく、日々を何となく過ごしてしまっているかもしれません。何かやりたいことがある人は、その目標に向かって努力することができますが、何をやりたいのかわからず、何も行動できないという人もいるはずです。

たとえば、大学1年生になったばかりの学生が、何かしたいと思うけど、やりたいことは特にないので何もせずに何となく学生生活を過ごしてしまって、気づいたら4年生になっていた、という話はよくあることです。何をしていいのか、どうやって始めていいのかわからないのでしょう。

また、就職活動の時期になってはじめて、何もやってこなかったことに焦りを感じてしまうこともあります。「学生時代に最も力を入れて取り組んだことは何ですか」というのは、定番の質問ですが、これに答えられないと悩む人も少なくないはずです。

やりたいことがなくて一歩踏み出せずにいる人は、「夢は必要なのか」や「目標を掲げよう」「チャンスを活かそう」の項目を参考にしてください。

理由③失敗が怖い

行動する前から、失敗が怖いという思いに捕らわれ、何も行動を起こさないという人です。行動する前から、結果をわかった気になって、「おそらく良い結果にならないから、行動しても意味がない」と考えてしまう人もいるでしょう。少し厳しい言い方をすれば、逃げてしまっているのかもしれません。

たとえば、何人もの学生がいる前で発表をしなければならない状況になったとします。人前に出て発表をするので、緊張して失敗してしまうかもしれません。そんな状況では、誰もが失敗して恥をかきたくないと考えますよね。もし可能であるなら、人前で発表なんてしたくないと思う人が大半でしょう。

でも、このような考え方では、一歩踏み出せないままです。「失敗が怖い」と思う人は、「チャンスを活かそう」の項目を参考にしてください。

3　一歩踏み出せない理由その2

ここからは、前項の続きで、後半の4つの一歩踏み出せない理由をご紹介していきます。

理由④決断力が足りない

ここでいう決断力が足りないとは、つまり一歩踏み出すときに、自分の行動を決めきれずに思いとどまってしまうという状態です。

決断力は、自分の意志の力によるところが大きいですが、決断しない人の中にはそれ以前の問題で「決断するべき物事」に対して主体性を持てない人が多いのです。たとえば、チームでの話合いをイメージしてください。

そこで議題になっていることに対して、果して全員が自分のこととして真剣に考えているでしょうか。「きっと誰かが進めてくれる」「自分が何も言わなくても何とかなる」などと、相手任せになっている人はいないでしょうか。

決断力は、他人任せを卒業することで、自ずと必要になるものです。ですから、自分のこととして考えるようになれば、自分で決断せざるを得なくなりますよね。

決断力に欠けると思う人は、「当事者意識を持とう」の項目を優先して参考にしてみてください。

理由⑤現状に甘えている

今の状況を肯定し、「変わる必要はない」と考え、行動しないという人です。今の状況をより良いものに変えるためには、もっと積極的に行動する必要があるにもかかわらず、今の状況に満足してしまい、結局「何もしない」という選択を選んでしまうことです。

たとえば、就職活動中の学生の話をしましょう。その学生は、就職活動期間中も、企業を受けることなく、毎日家で好きなことをして過ごしていました。就職しなくても、大学生であるという現状に満足し、何も行動しなくていいかという認識を持つようになってしまいました。何もしたくない、このままでいいという現在の状況に甘え、行動すら起こせていません。

現状に甘えるのは簡単です。ただ、楽なほうに流されればいいだけだからです。動き出すまでに、時間がかかってしまう人も多くいるでしょう。しかし、一度動き出してしまえば、その先の行動はスムーズに運ぶことがほとんどです。

現状に甘えていることから抜け出すためには、「覚悟を決めよう」「当事者意識」の項目が参考になります。

理由⑥周りの目が気になる

自分の挑戦に対しての周りからの反応が気になって一歩踏み出せないという人がいます。

「やってみたい気持ちはあるけれど、自分はそんな人だと思われていないから」という悩みをよく聞きます。ですが、実は周りから見た自分というのは、自分で変えることができるのです。「認知を変える」という項目で、どうやって自分に対する他人からの評価を変えるのかについてお伝えしますので参考にしてください。

理由⑦目標が高すぎる

行動を起こすとき、超えるべきハードルが高すぎてはじめから諦めてしまう人がいます。たとえば、地区大会敗退レベルの野球部で、甲子園出場を目標にしても、何から始めていいのかわからないのと同じことです。

自分に合った目標を設定することができていないのでしょう。それでは、目標に向かいようがありません。

そもそも目標にも論理的な設定の仕方があるのをご存知でしょうか。自分の目標について疑問を持っている方、目標の立て方がわからないという方は、「目標を掲げよう」「キャリアビジョンを描いてみよう」の項目を参照してください。

どうでしょうか、あなたが一歩を踏み出せない理由に当てはまるものはありましたか。それぞれの課題に対しての答えは、主に、4章、5章でお話していきますので、もちろん順に読んでいただいても構いませんし、自分に最も近いと思う項目から読んでいただいてもよいです。

4　一歩踏み出す必要があるのはどんなときか

一歩踏み出す必要性

みなさんが今まで一歩踏み出したいと意識したのはどのようなときでしょうか。またそう思った理由は何だったでしょうか。理由は様々でしょうが、何かきっかけがあってのことだと思います。そして、その踏み出したいという思いにストップをかけているのが、前の項目で触れた理由なのだと思います。

一歩踏み出すということがどういうことなのかについては、1章のはじめにお話ししました。ここでは、一歩踏み出す必要性についてお話します。どうして一歩踏み出す必要があるのかということを理解した上で、どのように踏み出していくのかを考えてみてください。

結果がすべて

基本的に、世の中の判断基準は、「結果」です。どんなに頭で考えても、文章を書いても、それに付随する結果がないと何も評価されません。もちろん過程も重要です。しかし、結果が伴っていなければ、過程も無駄になってしまいます。逆に言えば、どのような過程を経ていても、たとえそれが一般的でないとしても、結果が出ていれば認めてもらえることがあるのです。

学生時代には、過程も評価されることもありますね。結果だけで判断するということがあまりないので、学生のみなさんにはなじみのない考え方かもしれません。しかし、社会に出たらそうはいきません。どんなに素晴らしい過程があったとしても、結果がついてこなければ、相手にさえしてもらえないものです。

学生のみなさんには、今すぐそのような価値観に変えてほしいとは言いません。ですが、社会人の基本的なルールであるということを知識として頭に置いておいてください。

この「結果がすべて」という考え方が世の中の主流であるということを前提にして、もう一度、一歩踏み出すことの必要性を考えてみましょう。

自分が成長する

一歩踏み出すとは、すなわち、自ら行動を起こすことです。当り前のことですが、行動しなければ結果はついてきません。結果とは、行動してはじめて現れるものです。

先ほどお話しした、「社会に出たら結果がすべて」であることを踏まえると、一歩踏み出すことに躊躇していられませんよね。一歩踏み出すことは今後社会に出ていく人材として必要になってきます。みなさんが、一人の社会人として社会に出てやっていくのであれば、「一歩踏み出す」ことがいかに重要かがわかると思います。

話が大きくなってしまいましたが、学生の一歩踏み出すことと社会人の一歩踏み出すことは、根本的にはどちらも今までの自分にはできなかったことに挑戦するという共通点を持っています。社会人の場合、利益が絡んでくるために、結果を最重視することになってしまうだけです。

そして、この一歩踏み出すという挑戦から得られるのが自己成長です。自分が成長するために一歩踏み出すといってもいいでしょう。

一歩踏み出すとき

結局のところ、行動するのはみなさん自身です。いくら誰かに言われたり、本書のような本を読んだりしたところで、みなさん自身の意識が変わらなければ、きっと行動には移さないでしょう。自分で「行動してみたい」「行動しなければまずいかもしれない」などと思うことがあって、はじめて一歩踏み出すことにつながります。

正確に言うと、一歩踏み出す必要性は外的要因にはありません。つまり「一歩踏み出す」のに、周りは関係ないということです。

一歩踏み出す必要があるのは、学生のみなさん自身が「今までとは違うことがしてみたい」「今までの自分にはできなかったことをしたい」と思えたとき、「一歩踏み出したい」と思えたときです。

本書のタイトルを見て本を手に取ってくださったみなさんには、少なからずそのような思いがあるはずです。むしろ、この本を手にしていることが「一歩踏み出した」ことにもなるでしょう。

2章　動けない学生がよく悩んでしまうこと

1　夢は必要なのか

やりたいことがない

やりたいことがない、何をしたいかわからない、将来どうなりたいかがわからない――こんな風に思っている人はたくさんいると思います。

そんなみなさんは、一歩踏み出せない理由を、やりたいことがないからと決めつけてしまってはいませんか。確かに、やりたいことがあれば、一歩踏み出しやすいかもしれません。

しかし、やりたいことがなければ、本当に一歩踏み出せないのでしょうか。

やりたいことというのは、夢と言い換えることもできます。「あなたの夢は何ですか」と聞かれて、すぐに答えることができる人もいるでしょうが、この質問に即答できない人も多くいると思います。

将来の夢というのは、もちろん持っていたほうがいいとは思いますが、今ないからといって無理やりつくる必要はありません。

無理につくったところで、実際にその夢の実現のために行動することができなければ、それは自分が本当にかなえたい夢ではないのかもしれません。今は、夢はなくてもいいのです。今目の前にあることを、1つひとつこなしていく中で、そのうち夢は見つかっていくものです。無理につくる必要はないのかもしれませんね。

「自分のため」より「相手のため」

自分のやりたいことがない、わからないというみなさんは、基準を相手に変えてみてください。相手のために自分がしたいことと考えてみましょう。

相手の成果のために自分がどう役に立てるか、どう役に立ちたいか、どう役に立つべきかと考えてみるといいと思います。

相手を基準にして考えると、それは達成させなければならないものになります。それをやらなかったときに出る影響は、自分だけでなく、相手にも及ぶからです。

そうすれば、きっと動きやすくなるのではないでしょうか。これが次にお伝えするビジョンです。

夢よりもビジョンを持とう

夢とビジョンとは同じもののように捉えられがちですが、私は全く別物と考えています。夢は「自分軸で考えるもの」、ビジョンは「他人軸で考えるもの」という違いがあります。

「夢」は「自分の欲求」です。「欲しい車を手に入れたい」や「世界一周旅行に行きたい」というのは、自分の自分基準な発想ですよね。これでは、もし達成できなかったときに影響を受けるのは自分だけになってしまいます。

ですから、一歩踏み出しにくいですし、踏み出したとしてもすぐにやめることができてしまうのです。

一方、ビジョンは「達成させなければならないもの」です。最終的なゴールとしてビジョンを設定し、これを達成するために行動していくのです。他人軸と言いましたが、これは一人でなくても構いません。集団や組織でもいいのです。

たとえば、「部活動で全国大会に出場する」というビジョンを掲げたとします。ここで自分が達成できなければ、部活動全体の目標も達成できません。そうなると自然と動くようになります。

夢があることももちろんいいですが、動くこと、一歩踏み出すことにつなげるのなら、相手基準のビジョンを持ってみましょう。

心の支えにするもの

もしかしたら、夢がなくては、何を心の支えにしていけばよいのかわからなくなってしまうかもしれません。ビジョンは相手軸だと先述しました。

心の支えにすべきものは、「他者からの感謝」「他者からの信頼」「他者からの認知」です。

自分のビジョンを達成するために活動していくに当たって、ありがとうと言われたり、信頼して任せてもらえたり、自分のしたことが認められたりすることができれば、夢がなくてもくじけることはないでしょう。むしろそれが励みになることもあると思います。

2　卒業したら就職しなければならないのか

働く中でやりたいことを見つける

「卒業したら就職しなければならないのか」と思っている人の中には、その理由として「入りたい会社がないから」「やりたい仕事がないから」と思っている人もいるのではないでしょうか。

もし、こういった理由で就職することを躊躇しているのなら、ぜひ就職してほしいものです。

やりたいことというのは、どこで見つかるのでしょうか。見たことも聞いたこともないことをやってみたいと思うことは、まずないと思います。やりたいことは、みなさん自身の経験から見つかるはずです。

社会に出て就職すれば、それまでには経験しなかったようなことをたくさん経験します。

その中では、自分のやりたくないようなことをしなければならないこともあるでしょう。たくさんのことを経験する中で、自分のやりたいことというのは見えてくるのではないでしょうか。

やりたいことではないと避けてしまうのは、自分の可能性を閉ざしてしまうことにもつながりかねません。

やってみなければわからないことがたくさんあります。むしろ、やりたいことしかやりたくないと思ってしまっては、働く上での障害が大きくなります。

視野を広く持とう

やりたいことがわからないなど漠然としているのなら、そこで悩んだり、迷ったりする前に誰かのために働いてみましょう。働く中で、様々なことを知り、自分にできることが増えていくのです。働くということが、やりたいことを見つけること、さらには人としての心構えやスキルにつながるのです。

働く上で成長もするでしょう。成長しながら「成長する喜び」「感謝される嬉しさ」「信頼され、認められる感動」を感じてほしいと思います。それこそ働く上での幸せだと思います。

実際に働いてみると、他にもたくさんのことを学ぶでしょう。

「自分の特性」「働くとはどういうことか」「専門職のノウハウ」などを学び、その中で「自分の本当にやりたいこと」も見つかると思います。

また、どんな仕事に就いたとしても、基本的なことや核になる心構え、必要なスキルなどは、共通していることが多いのです。

「やっていくうちにその仕事が好きになる」ということもよく聞く話です。

私もやりたいことが見つかったと思ったのは、社会に出て10年経ってからでした。

就職することを迷っているのなら、まず就職することをお勧めします。

3　留学は行ったほうがいいのか

行ける機会を無駄にしない

「留学に行ったほうがいいのか」と悩んでいるみなさんは、おそらく行ける機会があるのでしょう。経済的にも時間的にも留学に行ける余裕があるから悩んでいるのだと思います。

もしそうなら、ぜひそのチャンスを活かしてください。今後、行きたいと思ったときには、いけなくなってしまうかもしれません。

留学が目的でもいい

目的がないから留学しない、留学しても何をしていいかわからないという理由で踏みとどまってしまっているのなら、留学することを目的にしてみましょう。就職も留学もそうですが、やりたいことがないことが理由では、何もできません。

一歩踏み出したいと思っているのなら、やりたいことはあとで見つければいいのです。

留学に行けば、日本との文化の違いを感じることができます。今までに見たこともないものを見たり触れたりして視野が広がるでしょう。そこから何か見つけられるかもしれません。自分の英語力のなさに気づき、英語を勉強したくなるかもしれません。

留学をしようと思っても、留学には種類がたくさんあるので、そこで迷ってしまうかもしれません。

学校でプログラムを組まれているものもあるでしょうし、長期留学も、短期留学もあります。留学に行ってみたいという思いなら短期留学でも十分ではないでしょうか。

留学ランキングの上位5位は、バンクーバー、トロント、ロンドン、ロサンゼルス、シドニーとなっています。

これらの都市は、留学を受け入れる体制も整っているでしょうから、それほど大きな不安を抱える必要はないと思います。

留学に行って終わりではない

留学に行くことを目的として留学に行ったとしても、行って帰ってきて終わりではもったいないです。

せっかくの機会を活かして留学に行ったのですから、そこから何かを得て今後に活かしましょう。

明確な目的もなく留学に行ったとしても、留学先で何かしらのことを感じるはずです。

その積重ねがみなさんの経験になります。その経験からやりたいことが見えてくるかもしれません。

4　インターンシップは経験したほうがいいのか

インターンシップってなに

インターンシップという言葉を聞くのは就職活動を始める頃でしょうか。おそらく、インターンシップそのものがどのようなものかということがわからない人もいると思います。

インターンシップとは、実際の企業での就業体験のことですが、これにもいろいろな種類があります。長期インターンシップ、短期インターンシップ、１ＤＡＹインターンシップなど様々です。それぞれ内容も異なります。

企業で実際に行われている業務を体験することができるものもありますし、企業側が企画したワークショップのようなものを体験することができるものもあります。

募集対象は大学3年生であることが多いですが、学年不問としている企業も増えてきています。

インターンシップ参加も経験の１つ

インターンシップに参加するということは、期間の長さの差はあったとしても、企業の業務を体験することです。社内の雰囲気を感じることもできるでしょう。

もし、就職を希望する会社があって、その会社のインターンにシップに参加するのであれば、入社前にギャップをなくしておくことができます。

やりたいことがなく、インターンシップは参加したほうがよさそうだけど迷っているという人は、普段はできない経験をするということで参加してみてもいいのではないでしょうか。

インターンシップで広げる人脈

インターンシップの参加回数に制限はありません。可能であればいくつ参加してもいいのです。先ほど紹介した1DAYインターンシップなどであれば、1つの企業について知ることは少ないかもしれませんが、まだ企業についてもよく知らないということであれば、複数の1DAYインターンシップに参加してみるのもよいと思います。

1つの企業の長期インターンシップに参加することのメリットももちろんあると思いますが、複数の企業の短期インターンシップに参加することでまた違った経験もできると思います。

また、インターンシップ先には、同じように参加する学生がいるはずです。そこで人脈を広げることもできます。

そこでの仲間との出会いも、インターンシップでの収穫といえるのではないでしょうか。インターンシップに参加するほど、就職に興味のある学生がきているのです。その人との交流があることで、その人から有益な企業の情報を教えてもらえるかもしれません。

3章　就職活動でよく悩んでしまうこと

1　就職活動ってなに

「就活」

みなさんは、就職活動に対してどのようなイメージを持っていますか。また、就職活動について、どの程度の知識を持っていますか。

何となく、「大変なものなのだろうな」というイメージや、「自分にはまだ関係ない」と考えている方も多いのではないでしょうか。

本書を手に取ってくださったみなさんは、多少なりとも自分自身の現状に危機感を持っていたり、進路に関心を持っていたりする方だと思います。ですから、この章では、「一歩踏み出すことができない」背景として相談されることの多い「就活」について少しお伝えします。

就職活動の流れ

まず、「就活」というものが主にどのような順序で進んでいくものなのか簡単に説明します。

・会社説明会

個々の企業ごとに開催されるものもあれば、大きな会場で何十社も合同で行われる合同説明会、そして大学に企業がきて行う学内説明会などがあります。まずは、会社説明会に足を運んで、自分の目と耳で調べることから始まります。

・エントリーシート

企業独自の質問項目を加えた履歴書と考えてください。実施しているのは、主に大手企業となりますが、人気企業になればなるほどエントリーシートで人数を絞ります。

「自己ＰＲ」や「学生時代頑張ったこと」などのエピソードが求められるのもこのあたりからです。

・筆記試験

テストセンターやＳＰＩなど形式は様々ですが、人気企業では、例年この段階で9割の学生を落とします。対策本はいくらでもありますので、早いうちから対策をしておくといいでしょう。

・グループディスカッション

学生６〜８人であらかじめ用意されたテーマについてディスカッションを行い、その様子を人事担当者が見て選考を行うというものです。筆記試験のあとの1次選考にあたることが多いです。

・面接

最後は面接です。学生数人対面接官で行うグループ面接と個人面接があります。企業によって面接回数は異なりますが、多くの場合、管理職↓人事担当者↓役員と面接官が変わっていきます。

次の項目からは、就職活動に対して学生さんからよく聞かれることに答えていきます。

2　就職活動は思っているほど難しくない

就職活動に対する印象

私が大学のキャリアセンターにいて思うことですが、「就職活動とは非常に大変なものだ」と考えすぎて自分のことを追い詰めてしまう学生が多くいます。昨今は、メディアでも就職難についてややオーバー気味に取り上げられていますし、大学や保護者からのプレッシャーなども原因なのでしょう。また、部活やゼミの先輩が、内定先が決まらず必死に就職活動をしている姿を見て不安にもなるのだと思います。

しかし、「大変なものだ」と思い込んでしまうと、どうしても自然に振る舞えなくなる傾向があります。

さらに、なかなか内定先が決まらないと、どうしたら採用されるのかという正解を求めてしまうものです。大学受験に続く進路を決める活動のため、どうしても受験対策のように活動してしまうのかもしれません。

しかし、就職活動は、正解があるものではないため、確実に決まる方法はありません。そのため、「大変なものだ」という印象を持ってしまうのでしょう。

就職活動は気が合えば終わり

入社後のことを考えず、就職活動のみをうまくやりたいと考えるのであれば、成果は就職先を決めることです。私は、就職活動で10社の採用試験を受けてみましたが、選考は多くて2回、5社は面接1回で内定をいただきました。卒業して2年間ボクシングをやっていただけで、私に特別なものがあったわけではありません。私が言えることは、面接で会ったその場で、お互いにマッチングが成立した、つまり雰囲気が合ったということです。お見合いでお互いが結婚したいと思いカップルが成立するのと同じことです。

就職活動は、相手があなたをほしいと思えば、それで決定です。面接を5回も6回もやることではなく、決めることが目的であれば1回でもよい場合はあるでしょう。ですから、「こうしなければならない」「就職活動はこういうものだ」と思い込まず、とにかく就職先を決めることに集中して活動してみましょう。

決めるのは相手

就職活動でも、何でもそうですが、最後にあなたをほしいかどうか決めるのは相手です。あなたが自分で自分を評価するのではなく、相手に自分を評価させればいいのです。相手からの評価をあなたが勝手に決めつける必要はありません。あなたをほしいと思う相手と出会えるまで楽しみにしていてください。

3　企業が必要としている人材

コミュニケーション能力のある人材

企業が新卒者に求める能力の第1位は、何年も「コミュニケーション能力」です。しかし、コミュニケーション能力とは、人格だと捉える方も多いため、何の力だかわかりづらいのです。仮に、聴く力や伝える力だけにフォーカスしているなら、それは「コミュニケーション能力」の一部分にすぎません。伝える力があれば、就職先を決めることができるかもしれません。しかし、それが成果を出すことに繋がるとは限りません。私は、入社後に必要な力が大切だと確信しています。

成果を出せる人材

私が、学生のみなさんに伝えている企業がほしい人材とは、「成果を出せる人材」です。これは、私の前職での実体験や知合いの経営者の話から導き出した結論です。

企業は、業績を上げて永続していかなければなりません。そして、永続するためには、営業目標などそれぞれの目的を果たしていく人材が必要となります。ですから、新卒一括採用をする以上、企業側もできる限り会社にとっての利益（お金だけではない）を出してくれる人材を獲得したいわけです。

成果を出せる人材に共通する点は、本人が成果の出し方を知っているということです。成果の出し方とは何か、突き詰めたいと思います。ここで、私と学生で一緒にリサーチした「企業が必要としている人材」を紹介します。実際に企業の人事担当者にインタビューさせていただきました。

人事へのインタビュー

私は、企業の人事担当者がどのような人材を求めているのかを知るために、１００社の人事担当者に対して新卒採用についてのインタビューを実施しました。その際、実際に人事担当者のアポイントをとって話を聴くインタビュアー役はＰＳＦの塾生にやってもらいました。そこで、インタビューをした結果、新卒採用時に重視するポイントとして意外な事実がわかりました。

人事が求めているのは、「働くために必要なマインド」でした。これは、お会いした全員の人事担当者から聞くことができました。ここでいう「働くために必要なマインド」とは、「責任を持つことができる」、つまり自責化できる覚悟があるということです。自責化とは、4章の「責任を受け入れよう」「人のせいにするな」でお伝えしますが、環境や他者のせいにせず、自分がどうすべきなのかを考えることです。自分の仕事がうまくいかないことをすべて環境や他者のせいにするような人材では、成果を出すことはできません。

成果を出せる人材に能力要件があるとすれば、「自責化できる」ことは1つの要件かもしれません。

4　1年生から何をやっておけば就職に有利なのか

大事なこと

私は、大学のキャリアセンターにも所属しています。就職活動の相談役として学生が毎日相談にきています。相談する学生の中には、入学したばかりの1年生もいます。「就職活動に勝つために、1年生からやっておけばいいことを教えてください」と相談されます。その度に学生のみなさんは真面目なのだと、いつも感心しています。

私などと比べては失礼ですが、大学時代はひたすら人を殴るスポーツをやっていたので、それが将来何につながるのかなんて考えはありませんでした。

これは、経営者であり人事でもある私のアドバイスですが、1年生から就職活動のために大学生活の計画を立てる必要はありません。私が大事だと思うのは、「どんな環境にいても成果を出せる力」をつけておくことです。

それは必ずしも就職活動のためだけではなく、生きていくために必要な力なのです。大企業に入るために必要な力をつけて、就職活動が成功したとしても、その企業が潰れてしまうかもしれません。ですが、成果を出せる力があれば、他の企業から必ず必要とされ続けます。

実践する機会を自分でつくる

成果を出す力を身につけるためには、成果を出すしかありません。成果というのは、自己満足ではなく、他者の満足であるため、他者が評価するものに挑戦してほしいです。人の話を聞くだけのインプット型の学習スタイルでは成長できません。

面白いことに、日本人は、インプット型の学習が好きなのですが、実践的にできるようになることを望んでもいます。実践できる力を高めるなら、実践することが一番の成長につながります。実践してみて、失敗して、そこから多くを学ぶことができます。

どんな機会をつくれるのか

ＰＳＦでもやっていますが、「ありがとう」を何個集められるか、実践してみたらいかがでしょうか。日頃からお世話になっている方、両親・家族・友人など含めて、どれだけ多くの方から「ありがとう」をもらえるかを何人かで競ったり、協力したりするのも面白いです。「ありがとう」をもらうためには、あなた自身が相手にとって価値あることを提供しなければなりません。そのため、自分が相手のために何ができるのかを考えるわけです。

自分がもっと成長して、相手のためにならないといけないという自己成長のサイクルが生まれたら、どんな環境でも迷うことなく、相手の成果に対して執着できると思います。４章でお話しますが、これが「ＧＩＶＥの精神」への第一歩です。

5　就職に有利なアルバイトは何か

アルバイトの内容よりも大切な3つのこと

就職活動を有利にするために「このアルバイトが良い」と断言できるようなアルバイトはありません。はっきり言って、学生がどのようなアルバイトをしてきたかなど、企業の人事担当者は大して関心を持っていません。

では、どのように選べばいいのでしょうか。選ぶためのポイントは目的意識です。就職活動でも求められるのは「何をしたか」よりも「何故それをしたのか」という動機の部分です。お金を稼ぐこと以外にどんな目的を持ってアルバイトをするのか、という疑問の模範解答をお伝えします。

それは主に以下の3点、①スキルや心構え、②環境、③働く人です。

スキルと心構え

アルバイトをすることによって鍛えたいことを重視する場合です。

たとえば、コミュニケーションが苦手な人は接客や販売員（居酒屋やアパレルなどお客さんと会話が生まれる仕事）、体力に自身がない人は引越しや土木作業員、または論理的な説明や、プレゼンが得意だからこそ実践して武器にしたい人は塾講師、すぐ心が折れてしまうから成果報酬型の営業アルバイトといったように磨けるスキルや心構えに目的を置いた選び方があります。

環境

何か目標を持って特定の環境でアルバイトをすることを目指す場合です。

前述の成功報酬型のアルバイトが良いといった理由は、②の成果を出したいと思えるシステム（環境）に目的を置いた選び方でした。自分が成長するために、成果を出さなければいけない環境に無理やり自分を置いてしまうということです。

働く人

同僚となる人を選ぶ基準とする場合です。

実際に働いている人を見ることができる場合（たとえば、アパレルショップの店員など）、その人が生き生きと働いているか伝わりますよね。楽しそうに働く友人でもいいと思います。生き生きと働ける、楽しい職場というのは理想の職場であることが多いのです。

なぜなら、人間関係がよい職場では、社員さんも優秀で人格も素晴らしかったり、業績が良かったりするからです。できるだけ若いときにそのような職場を一度経験しておいてほしいものです。若いうちに出会った上司の影響は、思いのほか大きいからです。

6　サークルと部活のどちらが就職に有利か

就活に有利なのは部活

就職に有利なのはどちらかと言われると「部活」のほうです。良い・悪いではなく、人事担当者の認識として、部活は目的がありますが、サークルは目的がない遊び好きの集まりと思われています。実際、人事担当者とのつながりを持っているのは、部活に所属している学生の方が多いです。かといって、せっかくの大学生活ですから、就職活動だけに縛られずに考えてみてください。

部活

部活では、目的を持ってみんなで行動を起こすので、連携力、チームワーク力の基礎を鍛えることができます。もちろん、部活は、往々にして飲み会の席でも練習でも厳しいときが多々あります。ここでは、社会に出たときの飲み会の席での付合いの力や、仕事での理不尽な言掛りに対する耐久力などが鍛えられます。また、部活は、練習日が多く授業との両立が難しい場合があり、授業の履修などの部分での工夫が重要となります。

さらに、厳しい人間関係の中で、上下にかかわらず仲間をつくることもできますし、人間関係がしっかりしているというのもあって、アルバイトの斡旋や就職の際にはＯＢ訪問や模擬面接などのセッティングがしやすいという利点はあります。また、卒業してからのつながりが強く、定期的に上下でつながりを持ち続けることができます。

サークル

サークルは、入る団体にもよりますが、目的を持ってみんなで行動するということがありません。娯楽的な部分が強く、遊びや飲み会など、楽しいイベントが多いのが特徴です。強い絆で結ばれた「仲間」でなく、青春時代を共にした「友人」をたくさんつくれます。

サークルでもスポーツ系ですと、アルバイトの斡旋や就活のＯＢ訪問などのコネクションは整っているところもありますが、文化系のサークルなどになると先輩との結びつきが弱く、結果的にＯＢ訪問ができないということもある場合もあります。

卒業してからは、サークルによりますが、有志で集まることがほとんどのようで、先輩・同期・後輩交えて集まる機会というのはほぼないといっていいでしょう。その代わり、部活のような時間的拘束はないため、遊ぶ仲間とあり余るほどの時間を得られるでしょう。

また、これ以外の枠組みとして、学生団体やボランティア団体などに目を向けるのも面白いと思います。サークルや部活では社会人との交流がほぼ皆無ですが、学外の学生団体や非営利団体などでは、社会人と深く接点を持つことができ、社会人の価値観を知るチャンスがつくれます。

7　資格は取得したほうがいいのか

資格取得が絶対条件ではない

簿記検定、ＭＯＳ（マイクロソフト・オフィス・スペシャリスト）、秘書検定など、世の中には様々な資格がありますね。就職への不安から、どんな資格を取得すればいいのかという質問もよく聞かれます。

世の中には、資格を持っていないと就けない仕事もありますが、そうでない仕事の場合、資格は取得しなくてもいいと私は思っています。なぜならば、私は、資格は特に持っていませんが、就職することができましたし、経営者になることもできました。つまり、成果を出すために資格は絶対条件ではないということです。

資格を取得するなら成果を出すために

多くの学生が就職活動の際に他の学生と差別化するために資格取得を考えているようですが、持っているだけで就職に有利な資格はほぼないといえるでしょう。有利になるとすれば、難関試験の司法試験や公認会計士などの国家資格くらいです。実務経験なしで取得できる資格は、知識の証明にすぎません。「わかる」と「できる」が違うように、資格を取得したとしてもその能力が使えなければ意味がないのです。目標に向けて取り組み、それを達成したという意味で評価してもらえることは稀だと思います。

しかし、学生には、生活の中でその資格を実際に活かす場は滅多にありません。企業側もそもそも資格を持っているだけで、その学生が「できる」とは思っていません。だからこそ、座学ではなく、実践で学ぶことをお勧めします。たとえば、「テキストで勉強して簿記検定３級を取りました」という学生と、「簿記検定は持っていませんが、企業のインターンで経理の担当をしていました」という学生だったら、あなたはどちらを採用したいと思いますか。もちろん、評価が高いのは、後者です。勉強することも大切ですが、実際にやってみないとわからないこともあります。実践すれば知識も自ずとついてくるものです。

このように、知識ではなく、実際に能力として持っていたほうが良いので、資格をとろうか悩んでいる方は、資格取得のために時間とお金を使うのではなく、実際に使える能力がつくような行動を起こしてみてください。

資格の代わりに

実際に能力がつくような行動といってもそう簡単に思いつかないかもしれません。そこで、お勧めなのが、前述した「ありがとう」を集める活動です。目に見える資格にこだわるよりも、すべての行動の根幹となる価値観を見直すことが成果への近道です。

8　大手企業と中小企業のどちらに就職すればいいのか

会社の規模ではなく、自分の実力をつける

大学のキャリアセンターで学生から就職活動についての話を聞いていると、「最初に大手企業に入社したほうが転職しやすい」という理由で、大手企業を志望する人が増えてきています。そんな先のことまで考えて就職を考えるようになったのかとただただ感心しています。

しかし、転職を見据えるのであれば、実は「大手企業のほうが転職しやすい」という考えは間違っています。転職市場に強いのは、成果を出せる人材です。今や転職市場において、大手企業の看板だけでチヤホヤする会社はありません。たとえ有名企業の社員であっても、転職先の企業が役に立たないと判断すれば、大企業の看板の意味はありません。あなた個人が、何の実務ができるのかということが最も重要なのです。

実力に必要なもの

大手企業か中小企業のどちらに就職しても、肩書に頼る仕事スタイルだけはやめてください。転職の際に、「何ができますか」と聞かれて、「部長ができます」ではお話になりません。何の実務が

できるのかという業務領域と、どのくらい成果を出せるのかというあなたの（社員の）品質のことが知りたいのです。したがって、どこの会社にいたのかよりも、何をやってきたのかということを評価されると思ってください。

逆に言えば、誰もが認めるような成果を出している社員ならば、企業の規模に関係なく転職できるということですね。とはいえ、突然成果を出せといわれても難しいかと思います。ですから、まずは、価値観としての「ＧＩＶＥの精神」、そして働くために必要なマインドである「自責化」など、本書でお話したことを焦らずに少しずつ実践してみてください。必要な要素はすべてお伝えしています。

大手企業より中小企業で勤めたほうがやりがいがあるか

私は、大手企業より中小企業の仕事のほうがやりがいがあるというのは、違うと思います。社員数の少ない中小企業のほうが、任される仕事の範囲が広く、成長も速い、こう思っている学生が増えてきていますが、そんなことはありません。それこそ環境の要因のせいにして逃げています。

仕事の領域を広めるのは、自分次第です。自分が何を成し遂げるか、頼まれた仕事に限らず、自分で勝手に領域を広げていけばいいのです。ただし、昇進・昇格のスピードに関しては、大手企業と中小企業とでは社員数や役職の空きポストの関係上、違いが生じます。若い頃から人の上に立ってマネジメントをやりたい方にとっては、中小企業のほうがいいかもしれません。

9　学歴は就職活動に影響するのか

学歴フィルター

学生からよく受ける質問の1つに、就職活動の際に学歴は関係あるのかという質問があります。率直にいうと、学歴は、就職活動に影響します。というのも、高学歴の人のほうが、地頭の良い人（知識量や偏差値の高さではなく、機転がきくということや考える力を持っていること）が多いと人事担当者の多くが判断しているからです。つまり、より効率的な採用活動をするために、高学歴の学生を優先して採用しています。

たとえば、学歴フィルターという言葉を聞いたことがあるでしょうか。中堅大学の学生が会社説明会の予約をしようとしたら満席だったはずが、上位大学の学生が予約するときには空席ばかりだったというようなものです。多少、就職活動生の間で誇張されている部分もあるかもしれませんが、残念ながら学歴フィルターは、存在するのが事実です。

本当に重視されるのは「学歴」ではない

しかし、人事担当者は、単純に「高学歴」の学生がほしいわけではありません。

たとえば、就職活動のことで考えてみると、周りがインターンシップに参加しているから自分も参加しよう。また、みんながメーカーを受けているから自分も受けてみようなどと、自分の考えを持っていない学生はあまり印象がよくありません。就職活動は、みんながそうやっているから同じようにやればいいのだという考えでは、人事担当者からその学生は自律（自分で考えて行動すること）できてないのだと判断されてしまいます。

大切なのは、「自分で考えること」です。みんながやっているからではなく、それを実行する目的は何なのかということを自分で考えて行動できる人材を企業は求めています。それが、たとえ周りとは違った奇抜な行動であったとしても、目的とそこに至る考えがはっきりしていれば、企業からの評価は高くなります。つまり、人事は、高学歴にこだわっているわけではありません。ただ、地頭の良い人が多くいる高学歴者を採用しているだけなのです。

学歴は消すことができない

とはいえ、学歴は、どうすることもできません。学歴を消すことはできませんよね。そのため、学歴を超える実績をつくるしかありません。変えられないことに後悔しても仕方がありません。とにかく変えられることだけをコツコツと積み重ねていけばいいだけです。

ＰＳＦの塾生には、中堅大学以下の学生が多くいますが、そのうちの1人のインタビューを8章に載せているので、参考にしてみてください。

10　専攻分野を将来活かさないといけないのか

可能性を狭める

最初に、私自身の経歴を例として出させていただきます。

私は、大学では理系で化学科を卒業しましたが、社会に出てからは人事経験を経て、現在は教育会社の経営者になりました。どうでしょうか。専攻分野であった化学は、現在の私の仕事に活かされていると思いますか。この経験から言うと、専攻分野は全く関係ないと思っています。

もちろん、大学進学時から、将来の目標のために勉強できる学部に進み、成功している人もたくさんいます。ですから、将来、進みたい道があり、そのために現在の分野を専攻しているのなら、その方面に進むのもいいでしょう。

しかし、現在の知識や興味だけで将来の仕事を決めてしまうのは、あまりにもったいないと感じています。おそらく、みなさんが想像もつかないほど、世の中にある仕事の幅は広いからです。

選択肢を残しておく

たとえば、心理学に興味があり、大学で心理学を専攻したとします。就職活動を行う際に、心理学を活かせるような分野の仕事として、カウンセラーがあります。しかし、自分の専攻分野を活かすつもりなら、心理学に関係のある企業しか受けることはできません。つまり、それだけで心理学に関係ない道を切り捨ててしまうことになります。さらに、今は心理学に興味があっても、実際に働き出してからは、心理学から派生した別の分野に興味が広がる可能性もあります。

そのきっかけとなるのが就職だとしたら、今の自分の専攻分野にかかわらず、様々な企業を受けてみるのもいいと思います。そして、自分の将来の可能性を狭めないためにも、選択肢は最初から切り捨ててしまうのではなく、ある程度残しておくことをお勧めします。

専攻を活かせるかどうかは自分次第

私は、化学を専攻していました。化学には実験がつきものです。実験には、必ず目指すべき目標があり、その目標を達成するためにどうすべきか、試行錯誤を繰り返し、目標に近づけていくという作業を行っていました。この経験から、目標達成のために現在何をすべきかという課題解決の道筋を組み立てる習慣がつきました。その能力は、今の仕事でも大いに役に立っています。

要するに、何を学ぶかより、自分がどんな目的意識を持って学ぶのかということのほうが重要です。どんなことを学んだかということよりも、自分が経験してきたことから何を学び取ることができるのかが理解できていれば、まったく別のことを仕事にしたとしても応用ができるからです。

専攻分野と就職先の関係に悩んでいる人は、あまり気にせず目の前のことに集中しましょう。

11　本当の「自己分析」の使い方

職業選択のための「自己分析」は無意味

就職活動が始まると、自己分析という言葉を聞くことになると思います。就職活動をしたことがある人、もしくは今就職活動中の人は、一度は「自己分析をしなさい」と言われたことがあるでしょう。自己分析のためのマニュアル本やセミナーなども開催されているため、非常に重要なものだと考えている学生さんが多いです。就職活動を終えた方の中には、「自分年表」や「自己・他己分析」などにかなりの時間を割き、苦労した人もいるのではないでしょうか。

しかし、私は、このような自己分析は無意味であると考えています。

それは、自己分析をして、そこから自分に合った職業を決めてしまう人が増えているからです。それが就職活動の第1段階として設定されていることの影響もあるのでしょうが…。私が言いたいのは、職業を選択するための自己分析は必要ないということです。

さらに言えば、就職活動をする年齢である20歳かそこらで、今までの短い人生を分析したところで大した引出しがないはずです。

たった20年の結果で、これからの40年の人生を決めてしまうなんて、できるわけがないのです。

自己分析より大切なこと

自己分析をしてはいけないと言っている訳ではありません。それよりも大切なことをしてほしいのです。自己分析よりも大切なことは、成果を上げるために必要な力や自分に足りないものを振り返ることです。思い描く自分にどのくらい近づけたのかを振り返る際には、自己分析は必要です。つまり、自分が成長するための自己分析であれば効果が出るわけです。

しかしながら、自己分析によって自分の持っている知識や実力の振り返りがしっかりできるのは、社会人になって実際の仕事をしながら実力を積み重ねてからのことなので、学生時代の自己分析はあまり意味がないというわけです。

自己分析から抜けることができない人へ

自己分析にこだわりすぎてどうしても自己分析をしてしまう——そのような人は、ぜひ1度考えてみてください。自己分析をした結果、出てきた「強み」で果して成果を上げることができそうでしょうか。

たとえば、自分が企業の人事担当者だとしたら、「コミュニケーション能力がある」という強みを伝えられたらどう思いますか。おそらく、それだけ伝えられても説得力はまるでないだろうと思いませんか。

自ずと自己分析がいらない意味がわかるでしょう。

12　企業選びは就職情報サイトだけで決めるのではない

企業の探し方

就職活動のはじめに何をするかという質問を就職活動中の学生にしてみたところ、多くの学生から某大手就職サイトに登録したという回答を得ました。それらの就職情報サイトには、1万社程度の求人募集しか掲載されていません。しかし、日本だけで400万社以上の会社が存在します。情報サイトに載っている1万社のみが人を採用したいわけではありません。すべての会社が、良い人がいれば採用したいと思っています。

そうはいっても、もっと探して選考を受けなさいなどと適当なことを言うつもりはありません。みなさんの軸をしっかりと持って、就職活動をしてほしいです。

そもそも、人を採用したい企業は、すべてではありませんが、何らかのメッセージを発信しているものです。

ホームページからの求人、新聞広告、スカウト会社からの紹介、社長紹介などです。会社を何らかの媒体に掲載するということは、営業や採用したいという目的があるからなのです。こういうところから連絡してはいけないだろうかと思い込まず、連絡をとってみるといいでしょう。

考えるより行動

そもそも連絡してほしくなかったら掲載しません。思込みはまず捨てて、考えるより行動することが大切です。先にご紹介したように、企業は、就職情報サイト以外にも様々な媒体を活用し、みなさんにアプローチをしています。それに気づくために、みなさんが、日常生活でいかにアンテナを張れているかが大切です。通学時間などに少し意識を変化させるだけで情報量は増加します。

そのようにして見つけた企業のことをインターネットなどで調べてみましょう。そうすることで、今まで知らなかった企業や、身近なものをつくっているのに名前を知らなかった企業など、多くの発見があるでしょう。この発見こそが企業探しの第一歩といっても過言ではないです。

人からの情報も大切に

企業探しの手段は、就職情報サイトだけではありません。周囲の人からの情報も非常に有益です。家族や友人をはじめ、様々な人との関わり方1つで情報量が増えます。

たとえば、親戚の勤め先や友人の兄弟の勤め先など聞いてみると、参考になることはたくさんあるはずです。ですから、これから人脈を拡張していくことはもちろん、今までの人間関係も大切にしていくことが重要です。このようにして、就職情報サイトだけで企業を探すのではなく、日常生活で少し意識を変えるだけで入ってくる情報量は大きく変化します。この考え方は、学年に関係なく今すぐにできる就職活動対策なので、日々少しずつ取り組むといいでしょう。

13　本当の志望動機の書き方

志望動機

志望動機というのは、何故その会社に入りたいのかという理由です。私は、はっきり言って、学生のみなさんに明確な志望動機を求めることが間違っていると思っています。というのも、昔から絶対この会社に入りたいと思っていたというような思い入れがない限り、どうしても「面接のために考えた志望動機」になってしまうからです。正確に言うと、その会社のどんなところが好きか、という志望動機はないはずです。

学生さんに突っ込んで聞いていくと、ほとんどが社員に魅力を感じて一緒に働きたいと思っていました。確かに、それが志望動機になるのですが、人で入った人材は、人が理由で辞めていきます。人事としては、人間関係に負けない何かがほしいと考えています。

志望動機のつくり方

それでも、志望動機は多くの企業で求められるものです。ですから、志望動機の考え方のコツをお伝えします。

普通の志望動機では、他の学生が話している内容と大差はありません。他の学生と伝える内容で差別化したいなら、その会社で成し遂げたいことを伝えるといいでしょう。

これは私のビジョンですが、「私は、社会で成し遂げたいことがあります。地域で人を育てて、地域に人を輩出し、地域の企業を盛り上げるという教育→雇用→利益創出→投資のサイクルを創りたいです。それが実現すれば、自立した強い地域が増えていきます。これを貴社にて、何らかの形でやっていきたいです」と伝えるのもいいでしょう。ここから、その会社でどうやっていくかはみなさん次第ですが、ビジョンをしっかり伝えればわかってくれると思います。

ビジョンの考え方は、後の目標設定の部分でも触れているので参考にしてください。

何故ウチなのか、と聞かれた場合

業界の志望理由は、あったほうがいいと思いますが、会社ごとまで細かくは必要ないと思っています。自然に考えれば、ないのが普通です。ただ、面接でそう聞かれた場合は、特にこだわりはありませんと伝えてもいいのではないでしょうか。「ウチじゃないとダメな理由を教えてくれ」と、そこにこだわる企業は、自社に自信がないのだと思います。また、みなさん自身が、そんな質問をさせない面談の流れをつくってください。

自分がどうしていきたいかという、自分の考え方の紹介を含めた自己紹介をしっかりやれば、大丈夫です。

14　自己ＰＲは「強み」を伝えるのではない

本当の自己ＰＲ

就職活動を始めると、エントリーシートでも面接対策でも、まず自己ＰＲを考える作業にぶつかると思います。そして、この自己ＰＲというものは、今や「私の強みは～です」ということがマニュアル化してしまっています。

しかし、自分の強みだけを伝えることが、本当に自己ＰＲになるのでしょうか。少し考えてみてほしいのですが、自分がはじめて出会った人間から、自慢ばかりされたら、みなさんはどう思いますか。少しは良いところも聞きたいでしょうが、悪いところも全部聞きたいのではないかと思います。

就職活動の面接でイメージが難しければ、恋愛に置き換えてみてください。自慢ばかりする相手のことを受け入れることができるでしょうか。結婚する相手を決めるタイミングだったら、なおさら悪いところも知りたいと思いませんか。

「私は、行動力があって、英語を話すことができます。粘り強くて、最後まで諦めません」

結果して、企業は、こういった人材をほしがっているのでしょうか。

自己ＰＲはダメなところから伝える

自己ＰＲで強みだけ聞いても、相手のパーソナリティは把握できません。自己ＰＲでは、「伝える内容」ではなく、「どんな人であるか」が知りたいのです。つまり、自己ＰＲの本来の目的とは、「自分がどんな人であるか伝えること」なのです。

つまり、自分の長所を伝えるのではなく、自分自身について伝えることが求められています。これは、非常に重要なポイントなので、この部分を間違えないでほしいのです。

ちなみに、私が人事として採用を行っていたときには、「何を言っているか」よりも、「自分をさらけ出せるかどうか」を見ていました。そのため、現在も就職活動の指導をする際には、学生にも「ダメなところから言え」と教えています。自分の苦手なことや馬鹿になれる部分をさらけ出せる人に魅力を感じるのではないでしょうか。

オープンなコミュニケーション

私は、ある会社で、良いことしか伝えていない説明会を、デメリットを沢山伝えさせる説明会に変えました。すると、説明会参加の選考応募率が3倍に上がったのです。その理由は単純です。会社側が心を開いてデメリットを伝えることで、学生も心を開き、デメリットを伝えるようになったためです。なければあえて話す必要はありません。しかし、無理やり隠す必要もありません。まずは、学生であるみなさんのほうから、自然な自己ＰＲをみせてあげるといいと思っています。

15　面接は「話す内容」で決まるのではない

面接で重要なこと

志望動機や自己ＰＲの説明の後にこんなことを伝えるのはおかしいかもしれませんが、面接では、伝える内容よりもさらに重要なことがあります。

それは印象です。どんなに良いことを伝えたとしても、印象が悪ければ、その面接試験は不合格になります。

たとえば、面接で、企業に入って成し遂げたいことや、みなさんの弱み強みをいくら相手に伝えても、印象が悪いことが原因で失敗してしまうこともあります。そのような失敗を防ぐためには、相手に良い印象を与える必要があります。

印象

では、印象とは、主にどのような点を見られているのでしょうか。これは、相手によって見る視点が異なります。姿勢を気にする人、目つきを気にする人、表情を気にする人、見る視点はその人の好みによって変わります。そのため、最低限これだけはおさえておこうという印象のポイントは、チェックしてほしいのです。

たとえば、身だしなみ、入室時の挨拶、立ち振舞、受け答えの速さなどは、最低限おさえていただきたいです。

また、見せかけだけでなく、印象には心が表れます。自分のことしか考えていない人と、相手のために何かしたい人では態度に違いが表れるものです。それについては、この先のＧＩＶＥの精神という項目で詳しく説明しますが、このＧＩＶＥの精神は面接でも重要になります。これは、相手を成功させたいという思いを強く持っていれば、表情や態度、オーラに表れるということです。

つまり、面接でも相手（企業）のために何かしたいという思いを伝えることが望ましいのです。

オーラ

採用面接の平均所要時間は、30分といわれています。しかし、みなさんの評価は、10秒以内に決まります。何回か会う機会はあるとしても、得られる情報は「その場で確認できたこと」しかなく、その人材の能力を確実に把握することはできません。入社した後どうなるかは、推察にすぎません。そのため、評価は、そのときの「雰囲気」を頼りにするしかないのです。

雰囲気とは、今までの人生で経験してきたことがそのままその人自身の雰囲気として醸し出されます。その経験とは、みなさんが今までやってきたことです。胸を張って相手に伝えられることがなければ、今からそれをつくればいいだけです。

16　内定を獲得して終わりではない

内定を獲得して終わりではない

大学生のみなさんの話を聞いていると、大学4年生で就職活動を終えた後は卒業するまで遊びたいという方が非常に多いようです。社会人になると、確かに学生時代のような時間の使い方はできなくなってしまいます。ですから、学生最後の年を目一杯遊びたいという考え方を否定するつもりはありません。

しかし、私の考えでは、内定を獲得してからが本当の就職活動の始まりです。というのも、大半の学生さんは、内定を獲得すると、落ち着くのではなく、本当にその会社で良かったのかと考え込んでしまうそうです。特に考えすぎてしまう学生の場合、これで人生がおしまい、くらい追い詰められてしまうほどです。いわゆる、「内定ブルー」といわれているものですね。

悩む前にやってみる

私は、どこの会社に入るかよりも、自分が会社でどう在るのかが大事だと思っています。そのため、みなさんは、入る会社に悩むのではなく、みなさんの力がまだないことに悩んだほうがいいです。

なぜなら、入社前から悩んだところで、みなさんにはまだ何のビジネススキルも備わっていないからです、厳しいことを言ってしまうと、あなたが「入りたくない」と思っている会社ですら、入社前のあなたは完全な戦力外であり、企業にとっては先行投資でしかありません。

そのため、まずは最初に入る会社で何かしらの成果を出すまでは、辞めないことを覚悟したらいいと思います。内定獲得後から入社までは、覚悟を決める時間です。どんな会社であっても辞めずに、成果を上げることを誓ってください。

力をつけること

就職先が決まってから入社するまでの期間は、力をつけられる期間です。そこで、力をつけるためにぜひやってほしいことがあります。

1つ目は、学業に力を入れることです。自分の所属している学部・学科で学ぶことができる学問を探究してください。もし、卒業論文の提出が義務づけられなかったとしても、ぜひ専門知識を習得してほしいと思います。大学時代に専門性を身につけた学生は、それがどんな分野だったとしても、専門性を身につけていない学生とでは入社後の成長スピードが圧倒的に違います。

2つ目は、人脈を広げることです。学生時代に何もしていない学生は、どうしても入社してからは社内だけの付合いになってしまいがちです。今の内から様々な業界や企業の方々との接点を持ってみましょう。また、そこで自分の考えを相手に伝えることができると、何年後かの相手との接点に繋がることもあります。

3つ目は、ビジネス活動へ参加することです。実際に、企業や個人への営業や内定先でのお手伝いでも構いません。「学生時代しか遊ぶことができない」ということではありません。学生時代に成長すると、20代・30代での成長率が高まるのです。遊んではいけないという訳ではなく、これだけ頑張れば、遊びが10倍以上楽しいものに感じることができるということです。

これらの3つを実践するだけでも、何もせずに入社した人より、入社後格段に力を発揮することができるはずです。3つすべてではなくても、まずは1つからでも構いません。そして何よりも、少しずつでも自分自身が社会人に近づいているという意識を持つことができる点で、他の学生よりも有利になります。

入社後に現れる差

私は仕事柄、内定者の大学4年生と多く知り合うことがあります。実際に学生から話を聞いていると、卒業まで遊びたい人と、内定後も入社までに力をつけたいという学生の割合は、半々程度です。

特にPSFに所属する4年生は、後者の考え方の学生がほとんどです。そのような学生が入社後にどうなっているかというと、確実に人事担当者からの評価は高いはずです。その理由は、前述した「働くためマインド」をもっている人が多いからです。ここに内定後の期間の過ごし方が現れるといっていいでしょう。

4章　踏み出すための準備

この章では、一歩踏み出せないことからどのように抜け出せばいいのかについて紹介していきます。

1　目標を掲げよう

一番大切なことは「目標設定」

1章、2章、3章では、みなさんが一歩を踏み出すことができない理由や状況をお伝えしてきました。

では、実際に行動を起こすためには、何が必要でしょうか。ここからは、みなさんが一歩踏み出すときに必要となる要素をあげていきます。1章で触れたあなたの「一歩踏み出せない理由」を踏まえて読んでみてください。

行動を起こす際に必要なものは、自信・勇気・やる気など、色々あります。ですが、一番大切だと思うのは、「目標設定」です。

私達が普段行うことには、目指すゴールがあります。アルバイトでも、「お金を稼ぐ」「接客の仕方を学ぶ」など、様々なゴールがあります。お金を稼ぐことがゴールなら、長時間働けばいいですよね。接客の仕方を学びたいのなら、長時間働かずとも、他の人の接客の仕方を参考に研究すればいいですよね。このように、目標が定まってはじめて努力の方向性が明確になるのです。

「何のためにやっているのか」、「何を成し遂げるのか」をしっかり設定し、そこからブレない活動を継続することが大事なのです。

目標には2つの種類がある

みなさんは、「自分の利益を優先させる目標」と「相手の利益を優先させる目標」のどちらを優先しますか。

ここで優先してほしいのは、「相手の利益を優先させる目標」です。単純なことですが、自分のことばかり考えている人と、他人のことを考えられる人がいたら、多くの人は後者と付き合いたいと思うはずです。

間違えないでほしいのは、自分を犠牲にしろというわけではなく、順番の違いだということです。相手が成功すれば、自分にも必ず返ってくるものがあります。そのため、まずは、相手の利益を優先させる目標を掲げてください。

たとえば、次々ページの吹奏楽部の例で考えてみましょう。

目標は「全国大会に出場すること」「全員が満足できること」です。これは自分だけでなく吹奏楽部全体、つまり相手にとってプラスになることですね。

そして、目標を達成して吹奏楽部員が満足する（＝相手が成功する）ことによって、自分の成長（＝自分に返ってくる）につながります。

つまり、相手が成功することで、自分にプラスになるということです。

目標設定シート

72頁にある①目標欄を、サンプルを参考にして埋めてみましょう。期間は自由ですが、目安は1年後に自分が対象としている相手がどうなっているのかを掲げてみるといいです。

目標をつくるときのポイントに従って、設定しましょう。

目標設定のポイント

① 具体的である……実際に何をすべきか行動のイメージが見えるような目標
② 測定可能なもの……期限に、どのくらい達成しているかがわかる目標.
③ 達成可能なもの……できそうでできない程度の目標
④ 時間制約があるもの……いつまでに終わるのかという目標

一歩踏み出せない理由が「目標が高すぎるから」という方は、特に③の達成可能なもの、という部分を重視してみてください。

挑戦することは好ましいですが、実現可能な範囲でないと目標になりません。

これらを参考に、目標をつくってみましょう。繰り返しますが、目標は、主語の部分を自分ではなく、相手にしてご記入ください。

①目標

・吹奏楽部のチーム全員で全国大会に１回出場する

・チームメンバー50人全員が、

「この部に入って良かった」と言えるようにする

↑

②キャリアビジョン

スキル

・演奏する力

・音を聴く力

知識

・曲の背景と作曲者の想い

・楽器に関する知識

価値観

・自分基準ではなく、メンバー全員の

一体感を優先できる

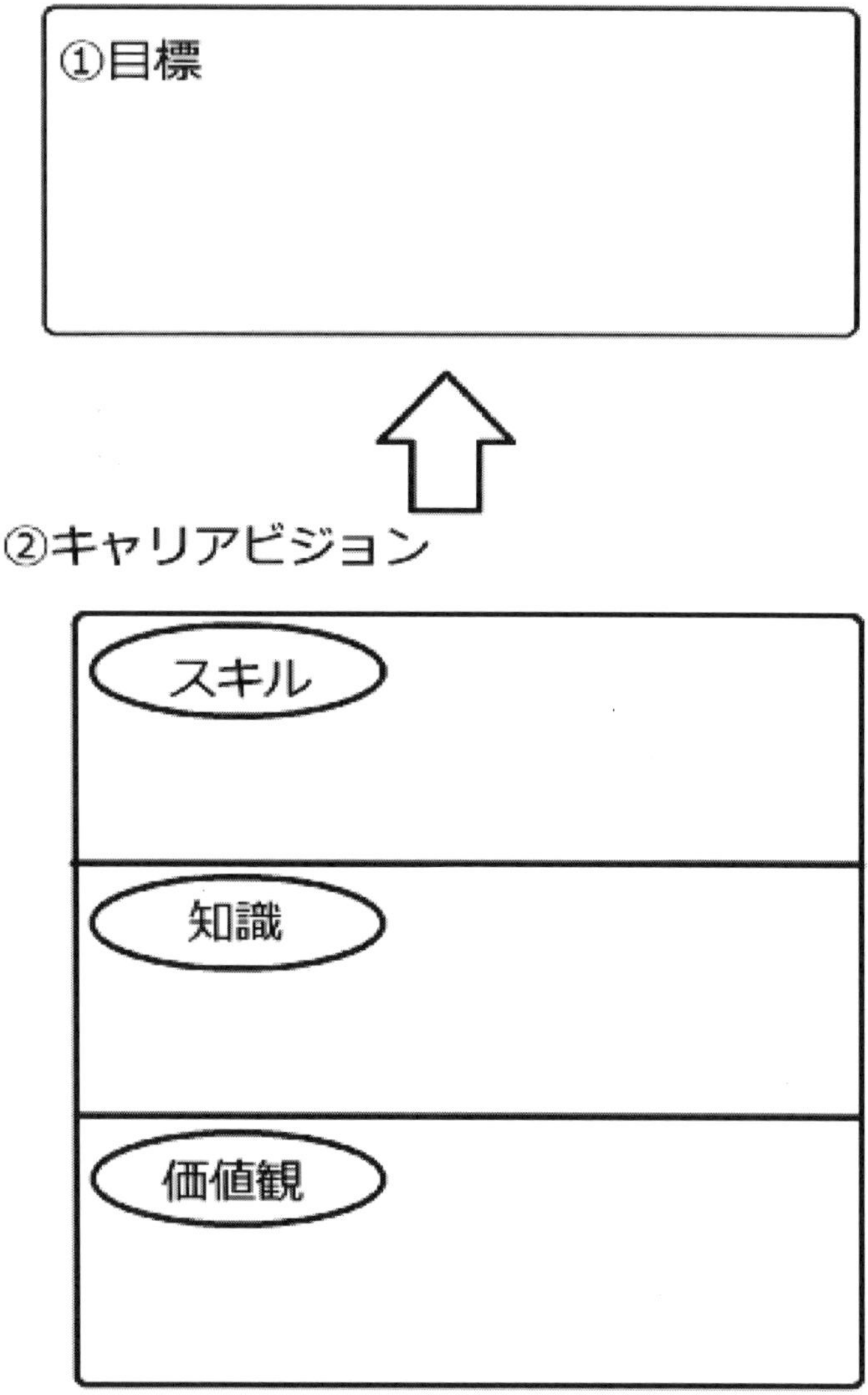
①目標
②キャリアビジョン
スキル
知識
価値観

2　キャリアビジョンを描いてみよう

キャリアビジョンってなに

次に、前掲の目標設定シートの②キャリアビジョンです。前掲の吹奏楽の例では、「全国大会に出場する」「チームメンバー全員がこの部に入って良かったと言えるようにする」の2つの目標を設定しました。

次に、目標を達成するためにどんなことが必要になるのかを考えて設定していくのが、キャリアビジョンです。価値観、知識、スキルの3つの観点から目標達成する方法を考えていきます。前掲図の下の部分に記入します。

キャリアビジョンとは、前掲図の①で立てた目標を実現するためのステップのことです。

キャリアという言葉からは仕事をイメージするかもしれませんが、仕事に限らず「自分がどうなりたいのか」について記入しましょう。

この自己成長をうまくいかせるために、考え方として特に意識してほしい項目は次の3点です。

これらは目標例にも載っていますが、考え方としては、まず目標に対して自分がしなければいけないこと（スキルに該当）を定めて、次にそれを実行するために知っておかなければならないこと

（知識）を考えます。

そして、最後にそれらを行うために自分が譲れないもの（価値観）が何なのかと考えるとわかりやすいです。

ここから価値観、知識、スキルについて簡単に説明します。

価値観

価値観とは「大切にしたいこと」で、行動や意思決定の基準となるものです。

価値観というと、少しわかりにくいかもしれませんが、その目標を達成するために大切になる考え方のことです。

吹奏楽の例では、この部に入ってよかったと言ってもらうために必要な価値観のことです。どんなに部活の練習がつらくても、メンバー全員が一体感を感じることができるなら「この部に入ってよかった」と思う人が多くなるかもしれません。このように、価値観の欄には、目標を達成するために大切にしたい考え方を書いてください。

自分が掲げた目標に対して、実現するための価値観がセットされなければ、成し遂げることはできません。吹奏楽部の例でもあげていますが、特に前提としてほしいのは、自分本位に考えないことです。

そのため、「相手の利益を優先させる目標」を達成するためには、まず「自分基準」から「相手基準」

に価値観を転換させなければならないのです。

すべての判断の基準となるため、価値観は3点の中で最も重要な観点です。

知識

知識は、頭で理解できることです。大学生であるみなさんが大学の講義で学んでいることはまさに知識です。

また、吹奏楽部の例ならば、「楽器の知識」「曲の知識」を知ることで、練習という行動の幅を広げることにつなげられるでしょう。

スキル

スキルは、身体で実践できることです。言い換えると、目標を達成するために必要な能力のことです。

吹奏楽部の例では、「演奏スキル」「音を聞く力」となっていますが、これらは頭でわかっているだけでは不十分なものとして捉えてください。

つまり、スキルとは知識を実行に移す力です。

以上のことを踏まえて、前項の目標設定シートの②キャリアビジョン欄の記入をしてみてください。価値観、知識、スキルの順に記入してください。

3　ＧＩＶＥの精神を持とう

ＧＩＶＥの精神

ＧＩＶＥの精神とは、「相手のために自分は何ができるか」という価値観です。

このＧＩＶＥの精神は、本書を通じて非常に重要な考え方となるので、学生のみなさんにはここでしっかり理解しておいていただきたいのです。

また、一歩踏み出すのが面倒だという方もぜひ読んでみてください。

相手軸で考える

目標設定の項目で少し触れましたが、基本的に物事の判断基準は相手にあります。つまり、自分の欲求ではなく、相手の求めていることを考えるところから始める必要があるのです。

相手の求めているものを基準に物事を考えることを「相手軸」と呼んでいます。他の項目を先に読んだ方ならわかると思いますが、私の教えはすべてこの相手軸が基準となっています。なぜかというと、世の中の大抵のことは自分一人ではできないからです。

みなさんがこれから何をやろうとするかはわかりませんが、サークル活動にしても、ボランティア活動にしても、社会人になって会社に入ってからも、常に他者とかかわりながら生きていくことになります。

そこで、自分のことばかり考えている人は、決して成功しませんし、何より周りから嫌がられます。つまり、相手ありきの行動をする以上は、常に相手軸を意識する必要があるということです。

一歩踏み出すのが面倒くさい

何かしてみたいけど大変なことは面倒だから避けたい、このように思う方もいるかもしれません。しかし、本当にそれでいいのでしょうか。他人から何かしてもらうことが当たり前になってはいないか、もう一度考えてみてください。

私は、ＧＩＶＥの精神の反対を「ちょうだい精神」と呼んでいます。

「一歩踏み出すことが面倒くさい」人は、この「ちょうだい精神」に傾いているのではないかと思います。面倒くさいのは、自分の都合を第一に考えているからです。

相手軸で考えれば、どんなに自分が大変でも、相手にとっての最善を尽くそうという気が起きるはずです。どうしても、面倒くさいと思ってしまう人は、「誰かのため」でなく、まずは普段からお世話になっている人（家族や友人）のために何か行動してみるといいでしょう。他の人から「ありがとう」と言われることで気分もよくなり、「自分も誰かの役に立っている」という実感を持つことができます。相手軸という考え方をつかむ第一歩になると思います。

余談ですが、私の知合いの年収1000万円以上稼いでいるような方は、ある程度自分に余裕があって他者のためになることをしている、つまり、GIVEができている人ばかりです

そして、強いGIVEの精神の持ち主は、収入額に限らず、自分に余裕がなくても他者に対してGIVEができるということもわかりました。

そのため、私は、金銭的な余裕が必ずしもあるとはいえない学生の頃から、他者に対してGIVEをし続けることが大切であると考えます。

就職活動にも関係するGIVEの精神

みなさんは、就職活動において、「どういう会社が稼げるのか」「どういう環境が働きやすいのか」「やりがいがあるのか」「自分が成長できる環境なのか」「自分には何があっているのか」「これに何の意味があるのか」という考えを持っていませんか。もう少し具体的に考えてみると、「新人教育はきちんと行われているのか」「給料はどのくらいもらえるのか」「休日はどの程度あるのか」「福利厚生は充実しているのか」などです。このような視点から、企業を選んではいませんか。

これらの発言は、「会社が自分に対して何をしてくれるのか」を基準に考えています。つまり、相手は自分に何をしてくれるのかという考え方に基づいているのです。GIVEの精神を持つこととは程遠い状態です。まず、自分が相手に対し「どんな価値を提供することができるのか」から考えることが、就職活動成功の鍵です。

4　覚悟を決めよう

覚悟ってなに

覚悟とは、「自分がやると決めたら、途中で投げ出さずにやり遂げること」です。

覚悟は、人から与えられるものではありません。人からアドバイスをもらって覚悟が決まったということはあっても、結局のところ、決断するのは自分自身なのです。

覚悟を決め、その覚悟を「行動」で示してください。

社会人としてビジネスをするようになったときにも、この覚悟が非常に重要になります。仕事にはつらいこともあり、生半可な気持ちではすぐに挫折して、仕事を辞めてしまうからです。

アルバイトを3年間続けることでもいいし、納得いくまで就職活動を続けるなど、覚悟の対象は何でも構いません。日常の些細なことでいいので、覚悟を決めて実行しましょう。

さて、ここまでは当たり前のことですよね。言われなくてもわかる内容です。

その覚悟を持てないから、一歩踏み出すことができないんだという方もいると思います。

現状に甘えている人は、覚悟を決めることができていない人が多いためなのかもしれません。

そこで提案したいのが、次の方法です。

覚悟を決めるための方法①退路を断つ

いつでも逃げられると思ってしまうから、「一歩前に踏み出すこと」ができないのです。それなら逃げ道をなくしてしまいましょう。もう踏み出すしかないという状況をつくってしまうのです。そうすれば嫌でも一歩踏み出さなければならなくなります。

退路を断つにはどうすればいいと思いますか。その方法の1つが、「期限を決める」ことです。「いつまでに行動をするか」ということの期限や締め切りを決めてしまうことで、自分を行動するしかないという状況に追い込むのです。

これはあくまでも方法の1つですので、自分の置かれた状況に合わせて退路を断つ方法を考えてみてください。

覚悟を決めるための方法②迷惑を自覚する

自分が行動しないことで相手にどのような迷惑がかかるかを考えることです。このまま自分が何も行動を起こさなかったとして、迷惑がかかる人は誰でしょうか。もちろん、迷惑をかける対象が自分だけ、ということもあるでしょう。

たとえば、大学での授業を休むと、一見自分が困るだけで誰にも迷惑はかけていないと思うかもしれません。しかし、友人から休んだ分のプリントをコピーさせてもらったとしたら、意外にもそれは友人の迷惑になっているかもしれません。

友人は、今日勉強するつもりだったのに、そのプリントをしぶしぶ貸してくれたのかもしれません。そのように考えると、自分が気づかないだけで、大抵のことは迷惑をかける相手が存在するのかもしれません。

別の例でアルバイトについて考えてみましょう。アルバイトには、自分に任されている仕事がありますよね。スーパーのレジ打ちであっても、自分が1つのレジを担当して、商品を購入するお客様のお会計をするのが仕事です。

しかし、自分がその担当の仕事をしなくなったらどうなるでしょうか。

他のレジの人が自分の分のお客様を担当しなければならなくなります。さらに、レジの数が1つ減るため、お客様は自分の会計の順番がくるまでに、より長い時間待つことになります。

このように、自分が行動しないことで、周りの人にも迷惑がかかります。自分が行動しないせいで、他の人にも迷惑をかけるということを自覚すると、中途半端なことはできなくなりますよね。自分のせいで他の人が困った状況になるというのは、誰もが経験したくないことだと思います。

ですので、自分が踏み出せない、行動しないことで、周りの人に迷惑がかかってしまうことはないか、一度確認してみてください。

そのときには「想像力」が必要です。自分が何もしなかったらどうなるのだろうと想像力を働かせて考えてみてください。自分が楽をすることで、誰かに迷惑をかけていないか、もう1度よく点検してみてください。

5　人のせいにするな

言い訳

大学のテストで不本意な成績をとってしまったとき、あなたはどのように思いますか。「テスト前にアルバイトをしたから勉強する時間がなかった」、または「教師の言っている内容が高度すぎて理解できなかった」と自分のせいではなく外的要因のせいであるというように考える人も多いのではないでしょうか。

確かに、アルバイトで生活費や学費を稼がなくては生活していけない人もいるでしょう。また、大学の授業であれば教授の話す内容は専門的なものになるため、内容が難しいものが大半です。

そのため、いい成績がとれないのは、仕方がないことなのかもしれません。できなかったことを周りのせいにしてしまうのは、いわば自然なことです。自分だけが悪いのではなく、状況が悪かったことや、他の人が悪かったということも、もちろんあります。

ですが、ここでは、その考え方は一度置いておきましょう。

なぜ人のせいにしてしまうのか

そもそも人は、なぜ、周りの人のせいにしようとしてしまうのでしょうか。それは、人のせいにすることで、自分を正当化し、自分は悪くないと思おうとするからです。先ほどのテストの例でもそうですが、「忙しくて勉強できてない」ことも「教授の説明が難しすぎる」という理由も、結局のところ他人のせいにしていますよね。人のせいにすることで、責任から逃れようとしたり、傷つかずに済んでいるのです。人のせいにしてしまう考え方は、人の自然な反応です。そのため、人のせいにしてしまう自分を責める必要はありません。

人のせいにしない

ここまでの説明で、理屈はわかっていただけたかと思います。それでも、突然人や環境のせいにしないでくださいといってもそう簡単なことではありませんよね。

しかし、1度考えてほしいのは、人のせいにして愚痴ばかり言って、現状に不満を抱いたまま過ごすという人生でいいのかということです。

人のせいにして、自分は悪くないと弁護して、それで自分は成長できるのでしょうか。自分が変わるのが嫌だから、周りの環境が変わればいいと思っていませんか。

たとえば、朝8時からサークルの話合いの予定があるとします。その場所が遠く、朝起きるのが苦手だったら、「場所が近ければいいのに」「開始時間が遅ければいいのに」と思ってしまいませんか。

これは、自分が早起きすればいいだけですが、周りのせいにして自分が変わろうとしていない例です。

「人のせいにしない」を別の言い方に換えると「自分のせいにする」ことです。私はこれを自責化と呼んでいます。自責化については、次の「責任を受け入れよう」で触れていますので、ぜひ参考にしてください。

周りの環境のせいにしそうなとき、どうしたらいいか

では、どのようにしたら人のせいにしないことができるのか、考えてみましょう。

それは、愚痴を言わないことです。愚痴というのは、現状への不平不満を他の人に聞かせているだけです。

不平不満を言って自分は何もしないのではなく、その状況を異なる視点で見ることができないか試してみてください。

その1つの例として、周りの環境を変えるのではなく、周りの環境に対する、自分の受け取り方を変えるのです。

たとえば、「今日は雨が降っていて学校に行きたくない」という不満があるとしたら、それを「雨が降ったおかげでいつもより涼しくて快適だ」と考えてみるのです。

そうすることで、人のせい、環境のせいにすることも減ってくるのではないでしょうか。

6　責任を受け入れよう

責任感

みなさんは、今自分のやっていることに関して、責任を持つことができているでしょうか。

責任感とは、自分の行動から生じる結果はすべて自分が引き起こしたものと考えることです。

責任感を持つためには、自分の発言と実際の行動を一致させることが大事なのは、みなさんもわかっていることだと思います。つまり、自分が行ったことと、その結果が繋がっていると実感するということです。

責任を自覚しよう

最近、無責任な行動をとる学生が増えています。たとえば、アルバイトを無断欠席する、サークルで飲み会の幹事を任されているのに飲み会当日に寝坊して遅刻してくるなどです。当塾・ＰＳＦでも、残念ながらそのような無責任な行動をする学生は存在します。

責任とは、自分に与えられている役割によって生じます。たとえば、アルバイトでは、シフトの入った日にアルバイト先で仕事を行うことがその役割です。

また、今自分が所属している組織でも、責任は生じています。たとえば、大学に通っている方は「その大学の学生であること」にも責任が生じているのです。ですので、その大学名に恥じないような常識的な行動が求められています。仮に自分が騒音や公共の場でのマナー違反の行為をしたとすると、あなたと同じ大学に通う他の学生の認知まで下がってしまうことになるのです。自分一人くらいと思わずに、責任を自覚してみましょう。

責任感を持たないとどうなるのか

責任感を持たない人は、周りの人からどう思われるでしょうか。周りの人から信用してもらえなくなるでしょう。

言っていることと、実際にやっていることが違うため、周りの人は、「あの人はダメだ」とか、「あの人は頼りにならない」という認識を持っているはずです。

先ほどのアルバイトを無断欠席する学生や、遅刻してくる幹事をどう思いますか。次もこの人に任せようという気持ちになりますか。ほとんどの人は、任せようという気持ちにならないと思うのではないでしょうか。

なぜ責任感を持つ必要があるのか

責任感を持った人は、自分の発言や行動を責任を持って達成しようとします。その結果、自分の成長につながるのです。

たとえば、大切な人との待合せで、時間を決めたら、そのとおりにその日その時間に必ず行くことです。

寝坊したという理由で時間通りにこないと、相手からは「約束を守れない人」という認識をされてしまうでしょう。

この認識によって、大切な人を失ってしまうかもしれません。

今の環境も自分の責任として考えよう

今自分のいる環境に対し、どのように思っていますか。現状に不満を抱いている人も多いのではないかと思います。

しかし、よく考えてみてください。ここにいるという選択をしたのは自分自身です。人から何を言われようと、実際に行動したのは自分だということを忘れないでください。

まず、自分の行動に自分で責任を持てるようにならないと、将来、社会人として働くことも難しくなります。そのためには、自自分の行動に責任を持てなかったときに、相手にどのような影響を与えるのかを想像して、相手にかけてしまう迷惑を想像することが必要です。

先ほどの例では、待合せに遅れたら、一緒にいる時間が短くなってしまいます。立てていた計画が無駄になってしまうことだってあるかもしれません。

7　当事者意識を持とう

当事者意識

普段、みなさんは、人と一緒に何かを行うとき、どこか「他人事」だと考えていませんか。自分が考えなくても他の人が考えるだろう、自分がやらなくても他の人がやってくれるだろうという考え方を持っていませんか。このような考え方をしている方は、少し厳しいことを言ってしまうと、現状に甘えているのです。

当事者意識とは、問題を人任せにせず、自分のこととして受け止めて考えることです。身近な例にたとえてみましょう。高校の文化祭のクラスでどのような出し物をするか決めるときのことを思い出してください。

誰も意見を言わず、話合いは先に進みません。誰もが自分が意見を言わなくても誰かが何とかするだろうと思っていて、議長が困っているというような状況に心当たりはないでしょうか。

もしも、このようなときに自分には関係ないから考えなくていいやと思っていたら、それは当事者意識を持っていない状態なのです。これでは自分の頭で考えるということをしていないのですから、当然成長は望めないですよね。

なぜ当事者意識が必要なのか

文化祭の例で、当事者意識のイメージは掴んでいただけたかと思います。このように当事者意識がないと、人任せになります。そのため、人に合わせて行動するようになってしまいます。誰かが決めてくれた決定事項に任せようという状態がそれに当たります。

ところが、このように人任せにしていると、自分の頭で考えて行動するという習慣がつかないため、いざ行動しようと思っても、どうしたらいいのかわからないという状況に陥ってしまうこともあるのです。

ですから、自分の頭で考えられるようにするために、当事者意識は必須といえるでしょう。

当事者意識を持つにはどうすればいいのか

当事者意識を鍛えるには、目の前で起こる問題を「他人事ではなく、自分のことだ」と意識し、どのように解決に導いていったらいいのかを考え、実際に行動を起こすことです。

先ほどの文化祭の例でいえば、クラスの話合いでも意見を言ってみる、他の人が言った意見にうなずいてみる、他の人に任せず、自分のこととして考えてみるという行動をすることです。

いきなり問題を解決しようとしなくても構いません。できる範囲からでいいので、行動してみることが大切です。続けていくことで、「できる範囲」が徐々に広がっていきます。焦らず、じっくりやっていきましょう。

8　認知を変えよう

あなたは、周りからどんな人だと思われていますか。「真面目な人」「明るい人」など様々だと思います。

認知とは、このように他人からどのような人だと認識されているかということです。

そして人間関係をつくっていく上で大切なことの1つであり、手法でもあります。

周囲の目が気になって一歩踏み出すことができないという人は、ぜひこの項目を参考にしてください。

認知の重要性

たとえば、恋愛に置き換えて考えてみましょう。

自分を「恋愛対象」と認知していない相手に告白したとしても、失敗する確率のほうが高いはずです。これは、個性以前に「相手から見た自分」が「恋愛対象外」として認知されているからです。

この場合、告白を成功させるためには、相手にとって「恋愛対象である」という認知を先に獲得しなければならないのです。認知を変えることができれば、告白の成功率は何倍にも高くなるでしょう。

認知を変える

以前、周りからの評価が気になって一歩踏み出すことができないという学生で、自分のだらしなさを気にしている学生がいました。いざ、何かやってみようとしても、周囲からは「どうせできないだろう」と信頼してもらえないというのです。

そのような評価を受けるのは相応の理由があるはずですが、彼は「それを乗り越えて今度こそきちんとやってみたい」という思いを持っていました。

そこで私が教えたのが、認知を変えることです。

認知を変えるために重要なのは、「相手の気持ちがわかるかどうか」です。相手の顔を見て、「自分が相手からどう見られているか」がわかることが認知を変える最初の段階です。

彼の場合、自分が他人からどう見られているかは把握できていたので、最初の段階はクリアです。

私の経験上、感受性が強い人ほど認知をしてもらう力があります。

これはどういうことかというと、感受性の強い人は、会話の端々から相手の気持ちを感じ取ります。それによって自分が相手にどのような印象を与えているのかを把握することができるからです。

認知を変える力を鍛える

最初の段階をクリアできたら、あとは地道な積重ねです。日々の行動の1つひとつを、相手から「求められている姿」と自分が「見られたい姿」に照らし合わせて誠実に行動してください。約束を破る、話を聞かないなどの認知を下げる行動は論外です。

相手が求めていることを知るためには、今目の前にいる人の話に耳を傾けて、理解しようとしてください。全力で、というのは相手に真剣に向き合い、相手は何を言いたいのか、どんな気持ちなのか、相手の表情から推測することです。

それを続けていくうちに、おのずと相手の気持ちが読み取れるようになっていくはずです。

周囲からの「だらしない」という認知に悩んでいた学生は、認知はマイナスイメージからの出発でしたが、自分では相手から「一緒に働きたい人」という認知を得ることを目標に、常に相手の話に対して真剣に向き合うことを続けました。

その結果、相手が自分に何を望んでいるのかが少しずつわかるようになったといいます。加えて、相手にとって「一緒に働きたい人」とはどんな人物かと、自分で考えながら接することも忘れませんでした。

彼は、今、ＰＳＦで商材の営業をして活躍しています。クラス活動に真剣に取り組んでくれるとして周りからの評価も高いです。

このような一度定着してしまった認知を変えるのは大変なことですが、焦らずに少しずつ新しい認知を積み重ねてみてください。たとえば、毎日元気に挨拶をするなど、些細なことでも積み重ねることで相手にとっては好印象になるはずです。すべての鍵は、相手の話を全力で聞くことにあるということを覚えておいてください。

9　チャンスを活かそう

チャンスってなに

チャンスとは、自分を成長させる機会のことです。チャンスは、自分にとって好ましい状況で突然もたらされることもあれば、自分にとって困った状況であったとしても、チャンスになることがあります。そのため、チャンスが目の前にあることに気づかず、後から「あれはチャンスだったのか」と気づくこともあります。

たとえば、部活動でバスケットボール部に入っていて、練習も人一倍頑張っていた人がいます。その人が、部活の顧問の先生に選抜メンバーに指名されたなら、それも1つのチャンスですよね。選抜メンバーを受けることが、チャンスを活かすことになります。逆に、選抜メンバーを辞退することは、チャンスを逃していることになります。これは、努力が認められたわかりやすい形のチャンスですね。

また、接客のアルバイトで、お客様から「接客の仕方が悪い」と怒られたとします。一見単純な失敗のようですが、その後の自分の対応の仕方によっては、そのお客様に理解してもらい、自分の接客スキルを向上できる可能性もあります。

接客ミスをしても、お客様に対して誠実に謝ることや、今後同じような失敗をしないように、自分の接客の悪いところを直すことによって、自分の接客のスキルが向上しますし、その後のお客様の評価もいいものに変わってくるでしょう。

チャンスは貴重な機会

このように、チャンスとは一見好ましくない状況であっても生じるため、それがチャンスだと判断することは難しいこともあるのです。そして、好ましくない状況になると、大抵の人は、その苦痛から逃げてしまいたいと思います。それは、当たり前のことです。

しかし、チャンスは、今の自分が次のステップに進むための貴重な機会です。この機会を逃すともう同じチャンスは巡ってこないかもしれません。そう考えると、行動したほうがいいかなという気持ちになってきませんか。

先ほどのアルバイトの例で、接客の失敗にしても同じです。もしかすると、他のお客様も指摘をしないだけであなたの接客に対して同じような不満を抱えていたということもあるかもしれません。そうなると、黙って帰ることもできたにもかかわらず指摘されたということは、「接客態度が悪いことを伝えれば直してくれる」という思いがお客様にあるからです。

つまり、言えば良くなるだろうという期待が少なからずあるということです。どうでもいい人に対してわざわざ注意なんてしないですよね。そういった意味では、お客様はこうしてほしいという要望をわざわざ伝えてくれているわけです。

お客様からのクレームに限られた話ではありませんが、人から怒られることや、失敗した経験は、今の自分を良くする絶好の機会です。「成長する機会がやってきた」ととらえることができれば、積極的にチャンスを活かしていくことができます。

チャンスを逃す行動

では、チャンスを逃す行動とはどんなことでしょうか。それは、何も行動しないことです。私は、いつも学生のみなさんに、どんなに良いアイデアを考えても、その考えを実際に実行しなければ何も考えていないことと同じだと伝えています。どんなにすばらしい知識や論理があったとしても、基本的には、行動するかしないか、それだけです。

決断するまでに、どんなに迷っても構いません。しかし、迷えば迷うほど、行動しようとする意欲は減っていきます。なぜなら、頭で考えるほど、「やらなくてもいい理由」を探し、「行動しなくていい」という気持ちになってしまうからです。電車でお年寄りに席を譲ろうとしたときにも似たような経験をしたことはありませんか。目の前にお年寄りがきた瞬間に、さっと席を譲ることができればいいのですが、「席を譲ったほうがいいのか」ということを考え出してしまうと、時間が経ち、譲りにくくなってしまうものです。

どんなに些細な行動でもいいので、行動してみましょう。今の自分にできる範囲で構いません。

徐々に、できる範囲を広げていけばいいのです。もちろん、行動した結果が必ず良いものになるとは限りません。

しかし、「行動したけど結局失敗した」という経験にも必ず意味があります。なぜなら、成功よりも失敗からのほうが学べることが多くあるからです。

失敗したことで、次はどのように行動すればいいのか、どのような行動はしてはいけないのかということがわかります。なぜ失敗したのか、次はどうすればいいのかと考えることで、新しい発想が生まれ、将来、その経験が役立つときがくるかもしれません。

小さくとも、行動を起こすことが大事なのです。

チャンスはいつくるのかわからない

チャンスは、いつどのタイミングでくるかわかりません。ですが、その多くは、アルバイト先の上司や先輩、知人や友人等、周りの人からもたらされるものです。

そのために、今のうちから人間関係を広げておくといいかもしれません。失敗が怖い、やりたいことがないという人は、まずチャンスを活かしてみましょう。

得られたチャンスは、活かさないともったいないですが、チャンスの数を増やし、できる範囲から試してみるのも1つの方法です。

5章　一歩踏み出せた先

この章では、一歩踏み出した後に必要となる考え方について紹介していきます。

1　行動力をつける

たくさん行動しないと結果は出ない

基本的に、「結果を出す」ためには、質より量が必要です。なぜなら、量が多くあってはじめて、質が生まれるからです。たとえば、アンケートの回答数が多ければ多いほど信頼度の高い結果が出るのと同じことです。

つまり、たくさん行動しないと結果は出ません。まずは、恐れずにやってみることが必要です。

行動力

文字どおり主体的に動く力です。社会人としてはもちろん、学生生活でも身につけてもらいたい要素です。というのも、動けるか、動けないか、これだけで結果に大きな違いが生まれるからです。

学生生活の中で行動力が必要となる部分は、数多くあると思います。たとえば、サークル活動でも、アルバイトでも構いませんが、「こうすればもっと楽しくなる」「もっとお客様に喜んでもらえる」といったアイデアを思いついたとします。それを実行に移すか、考えるだけで何もしないかによって結果も変わりますよね。

アイデアを実践した結果が失敗だったとしても、失敗を活かしていくことで最後には成功するというように質が生まれていくのに対して、頭で考えるだけでは現実には何も変わらないのです。

行動力をつける

しかし、どうしても一歩踏み出すことができない学生さんの中には、自分の行動力に対して不安を持っている方も少なくないと思います。そのような方にわかっておいてほしいことがあります。

それは、ここで言っている行動力とは、決して自分のしたいことや自分の主張を前面に押し出すものではないということです。私が言う行動力とは、相手のために行動する力です。

「目標設定」や「ＧＩＶＥの精神」などで詳しく述べましたが、成長するためには「相手基準」の考え方が不可欠です。ですから、アルバイトで「お客様のために」新しいアイデアを実行するのも１つの行動力というわけです。

自分から行動を起こすのが苦手だという方は、その行動が自分本位のものではなく、「誰かの問題を解決するため」だと発想の転換をしてみてください。すると使命感が湧いてくるのではないかと思います。失敗しても構いません。何度でも挑戦しましょう。大切なことは、相手のために行動するという点です。

なお、失敗が怖いという方は、ぜひ「チャンスを活かす」という項目を参考にしてくださいね。

2　ストレスを受け止める

ストレス耐性力

ストレス耐性力とは、ストレスに対するタフさ、どこまで耐えられるかという力のことです。近年話題になっているので、聞いたことのある学生さんも多いでしょう。

さて、このストレス耐性力ですが、本当に大事です。

社会に出ると、失敗や責任から逃げる人に仕事はできません。感情ではなく、決められたことを決められたとおりに遂行できる力が必要になります。

しかし、ストレスに負けて退職してしまうことや、そこまでいかなくても影響力がなくなってしまう社員は少なくありません。また、組織のストレスに負けて、諦めてしまう社員がほとんどではないでしょうか。

私は、このような事態を避けるためにも、大学時代にストレス耐性をつけてあげたいと思っていますが、残念ながら現在の大学教育ではストレス耐性は身につきません。

では、ストレスはどんなときに感じるのでしょうか。これは人によりけりですが、基本的には対人関係がうまくいかないときに感じるものです。

行動を起こしてはみたものの、一歩踏み出した先にあるストレスを怖いと思っている方もいるかもしれません。

ストレス耐性力を身につける

ストレス耐性力を身につけるためにできることは、ストレスを受け止めるということです。単純ですが、最も効果的です。

私は、いつも、会社に入ったらどんなに辛くても3年間は辞めるなといっています。3年以内に離職する原因のほとんどは、会社のストレスに耐えきれなかったことだからです。

しかし、現在、学生のみなさんには、会社を辞めるなといっても仕方がないので、代わりに「今辛い思いをしておいたほうがいい」といいます。少々強引ではありますが、辛い環境で耐え抜いた経験があると後が楽になるものです。

後の「辞めたいと思ってからがスタート」という項目でもお話しますが、辛さに耐えることは自分の力になります。

突然過酷なことをする必要はありません。まずは嫌なことを受け入れることから始めましょう。「授業が嫌だ」「アルバイトが面倒だ」ということでストレスを感じている人も多いと思いますが、嫌なことでも「仕方がない」と割り切って行動してみてください。

その積重ねで少しずつでも嫌なこともやれば、ストレス耐性がついていきます。

3　自分を管理する

自己管理力がしっかりしていないと仕事にならない

社会人になったばかりの新人に最初に教えることは何だと思いますか。

それは、自分を管理する力、すなわち「自己管理力」です。

この自己管理力がしっかりしていないと仕事になりません。というのも、約束を破ったり、時間にいい加減だったりする人は信用されないからです。人も離れていきます。

たとえば、待合せした時間に遅れてくる人が、期限を守って課題を提出すると思いますか。本人が「期限までに課題を出す」と言っていても、あまり信頼できないでしょう。

自己管理力が必要な理由

時間、仕事、環境、体調、モチベーションといった自分に関する事柄を自分の責任において管理する力です。これは、ビジネススキルとして非常に重要ですが、学生のみなさんにとっても他人事ではありません。日常生活の中で活用されているはずです。

たとえば、自分がプレゼンテーションを担当する授業に欠席してしまうとどうなるでしょうか。

その授業にかかわる全員に迷惑をかけてしまいますし、信用も失います。

つまり、ここでも相手軸が登場します。自己管理は、自分のためだけではなく、相手のためにも必要なことだと気づくことが大切です。時間を守る、仕事を終わらせる、体調を崩さない、モチベーションを維持する、すべて相手があってはじめて成り立つものですよね。

自己管理で信頼される人になる

みなさんが一歩踏み出そうと思ったときに気をつけてほしいのが、この自己管理力です。せっかく勇気を出して始めたことが、1回の遅刻で台無しになってしまったなんてことも実際にあります。

「認知を変える」と少し重なる部分がありますが、自己管理ができていないと見なされると、途端に、あの人は遅刻するかもしれないなどと「信頼できない人」として認知されてしまうわけです。

逆に言うと、自己管理がしっかりできている人は、相手にとって信頼できる人、仕事を任せたい人になりやすいともいえます。

自己管理は、特別なスキルがいることではありません。約束を守る、期日を守る、体調管理をするといった当たり前のことの積重ねです。しかし、当たり前のことだから全員ができているかというと、残念ながら社会人でも自己管理ができない人は大勢います。

だからこそ、今から自己管理をしっかりして、周りから信頼される人になってください。そうすれば、今後あなたが躓いたときに、周りの人は手を差し伸べてくれるかもしれません。

4　適度に手を抜く

自分の役割や仕事すべてに全力投球はできない

私は、仕事柄、学生さんと接する機会が多いのですが、どうも学生のみなさんの中には完璧主義の方が多いように感じています。何をするにも、完璧にやろうとしてしまうのです。

それが一歩踏み出すことにもかかわってきます。たとえば、勇気を出して一歩踏み出してみたもののうまくいかなかったとします。ここまでは、「辞めたいと思ってからがスタート」でもお話したように、実は当たり前のことです。

しかし、うまくいかない原因を時間が足りないことや、自分の努力不足にあると捉えてしまう人が多いのです。自分で決めた原因を取り払うために、より時間をかけてみたり、より一生懸命になってみたりと、1つのことだけに集中してしまう学生が非常に多くいます。

その結果、「何かに挑戦するならば、それだけに集中しなければならない」という固定観念のようなものができてしまい、ますます学生のみなさんが挑戦することに対して二の足を踏むことになるのではないかと危惧しています。100％の力を注げないのなら、挑戦することさえも諦めてしまうかもしれないですからね。

現実には（社会人もそうですが）、自分の役割や仕事すべてに全力投球している人はほとんどいません。いたとしてもそう長く続けられないでしょう。

1つに絞る必要はない

がむしゃらにぶつかっていくのは決して悪いことではありません。しかし、それですべてがうまくいくといいのですが、そうとは限りません。むしろ、集中すればするほどうまくいかないという悪循環を生んでしまうこともあります。その代表的な例として、就職活動に専念していた学生のことを紹介します。

私が進路指導をしたある大学生の話です。その学生は、就職活動に専念するため、一般的に就職活動のピークといわれる大学3年生の2月から大学4年生の6月まで大学の研究を休んでいました。就職活動に本気で取り組まなければならないという強い思いがあったのだと思います。

しかし、研究活動を休んだ状態で就職活動に専念していても、6月になっても内定がもらえず、私のところに相談にきました。私は、すぐに研究活動も再開するように助言しました。彼が、いくら就職活動に専念するとはいえ、毎日選考試験があるわけではないからです。

それからは、1週間のうち3日間は就職活動、2日間は研究というようにして、「就職活動のみに全力投球すること」をやめさせ、研究活動と並行して行うように勧めたのです。

その結果、今までよりも就職活動に費やす日数は減ったにもかかわらず、その学生は翌月の7月には会社からの内定を獲得することができました。

後から本人に話を聞いたところ、就職活動だけに専念していたときは気持ちに余裕が持てなかったそうです。しかし、研究を再開してからは他にやるべきことができたおかげで周りが見えるようになったという感想をもらいました。

一番にやらなければならないことがあるとしても、それだけに集中しなければならないということではないということです。1つのことに集中し過ぎると、それしか見えなくなり、逆に焦ってしまうこともあると思います。やらなければならないからこそ、余裕をもって取り組む必要があるのです。

適当というスタイル

どんなことにもいえますが、手を抜けるところはしっかり抜いたほうがいいのです。先ほどの学生のように、完璧を求めるあまり、自分を追い詰めて逆効果になってしまうこともあるからです。手を抜いてもきちんとできていればいいのです。

力の入れ方がわかっていない人は、100%の力を注いでも、適度に力を抜いても、結果は同じかもしれませんね。

何かをやるときに、必ずしも100%の力はいらないということを覚えておいてください。必要に応じて加減してみることが大切です。。

5　辞めたいと思ってからがスタート

うまくいかないのは当たり前のこと

みなさんには、目標を持って取り組んでいたのに、途中で諦めてしまったという経験はありませんか。

部活動でも、研究でも、何か目標を持って取り組んでいた活動に対して、結果が出ないと人は辞めてしまいます。最初はやりたいと思っていたことでも、結果が出ないと辛くなり、諦めてしまうのです。

仕事で結果が出ない社会人は、長くても半年ほどで辞めてしまいます。学生なら4か月程度でしょう。これは、私の経験から予測していたことであり、実際に平均すると、学生の場合はもっと短いのが現実です。

しかし、私は、結果が出ないところからが、本当のスタートだと思っています。それは新しくチャレンジすることというものは、大抵うまくいかないものだからです。

たとえ新しくチャレンジしたことでうまくいったとしても、それは、環境がいいか、協力者がいいかのどちらかであって、自分の力ではないはずです。つまり、うまくいかないのは当たり前のことなのです。

逆にすぐにうまくいってしまった人は、環境が悪化したときの対処法がわからず、結局そこで諦めてしまいがちです。

ところが、逆境から這い上がった人は、うまくいかなくなったときにどうすればいいかわかっています。だからこそ、一度辞めたいと思ってから這い上がった人ほど強くなるのです。つまり、辞めたいと思ったときに辞めてしまっては、とてももったいないのです。

辛さは成長の証

一歩踏み出してみても、結果がついてこなくて辛い、辞めたいと思っている人は、辛い今の状況がスタート地点だと考えてみてください。

「今までできなかったことをしたい」と思って、一歩踏み出したんですよね。

一歩踏み出したということは、それまでの自分にはできないことに遭遇するのですから、できないことがあるのは当然ですし、それを辛いと思うのもある意味当たり前です。そうなると、諦めてしまいたい、辞めてしまいたいと思うようにもなるのもわかります。

しかし、諦めてしまいたいほどの辛さは、あなたが成長するためのチャンスでもあるのです。ここで諦めてしまうと、ここで成長も止まってしまいます。

辛いことを続けるのは、学生にとっても社会人にとっても苦痛です。ですが、その苦しい壁を乗り越えることができたら、強くなれると思いませんか。一度逃げたら、恐らく次もその次も逃げてしまうでしょう。逃げ続けてしまっていたら、せっかく一歩踏み出す勇気を出せたのに、その意味がなくなってしまいます。

せっかく踏み出した一歩を無駄にしないためにも、すぐに諦めずに、少し耐えてみることをお勧めします。そうすることで、踏み出したその一歩が確実なものになるはずです。

結果を出すまで会社を辞めない

学生のみなさんの多くは、これから会社に就職するでしょう。おそらく、会社に勤めている中で、何回も辞めたいと思う壁にぶつかってしまうことがあるはずです。

しかし、いつも私が「辛いから会社を辞めたい」という学生のみなさんに伝えているのは「結果を出すまでは、会社を辞めてはならない」ということです。

今の会社を辞めて、他の会社に転職したとしても、また次の会社で同じ壁にぶつかってしまうでしょう。今の会社でぶつかった壁は、今の会社特有のものではなく、どの会社にもある困難かもしれません。今の会社での壁から逃げることができたとしても、次の会社でまた壁にぶつかり、また辞めて…。その繰返しをするわけにはいきませんよね。自分から逃げる癖をつけないためにも、最初に入った会社がどんな環境であろうと、成果を上げるまで前進してください。辞めたくなった時点が本当のスタートです。

6　集団で活動していく上で大切なこと

集団に合わない考え方も生じる

集団の考え方に納得することができず、孤立したことや集団から離れた経験はありませんか。人は、日々、集団の中で生活しています。集団の中で生活するわけですから、その集団に合わない考え方も生じるはずです。そのようなときにどのように考えれば集団としてうまくやっていけるのか、ということをお伝えしようと思います。

価値観ってなに

まず、集団としてうまくいく方法を考えるときには、価値観が重要です。

価値観とは、自分の核となる考え方です。相手は何を大切にしているのか、何のために生きているのか、何のために働くのか、いわば、考え方の根本となる部分です。

集団の価値観に歩み寄る

集団も個人と同様、価値観（大切にしたいこと）を持っています。集団には、その集団特有の価値観があります。たとえば、「～を大切にしている」「～が好まれる・嫌われる」といった類のことです。

何かの集団に所属している方々は、集団の価値観を理解し、歩み寄ることが大切です。集団の価値観に歩み寄るとは、その集団の価値観を理解し、自分もその価値観を大切にするということです。

たとえば、結婚生活について考えてみましょう。結婚するということは、同じ屋根の下に異なる価値観を持つ2人が住むわけです。当然、2人の持つすべての価値観が一致することはありません。時に喧嘩をすることもあるでしょう。

でも、そんな2人がなぜ一緒に居続けられるのかというと、お互いの価値観を認め合い、歩み寄ろうと努力をし続けているからです。集団も同様です。異なる価値観を持つメンバーが一緒に協力していかなければならないのです。

別の例として、硬式テニスのサークルについてお話しましょう。そのサークルの目的は、「テニスの大会に出場し、優勝すること」です。このサークルでは、テニスそのものを楽しむのではなく、テニスで勝つ、大会で優勝するという考え方が根本にあるわけです。

そこに、勝ち負けはこだわらなくていいから、純粋に楽しくテニスがしたいという人が入部してきたら、その人はどうなると思いますか。おそらくサークルの根本的な部分が合わず辞めてしまうのではないでしょうか。

もちろん、その人がサークルの価値観である「大会で優勝すること」に歩み寄ることができるのであれば、その人はそのサークルでやっていけるでしょう。しかし、大抵の場合は、集団の価値観を受け入れることができずに、「ここは合わない」「自分がしたいのはこういうことではない」と言って辞めてしまうのです。

また、対象は、集団だけではなく、1人の友人として考えても構いません。最近、友人と本音で話したのはいつですか。自分の生き方、働き方、将来設計について、自分の根本的な部分を相手に伝えたことはありますか。この経験が相手の理解につながり、相手の価値観に歩み寄るきっかけになるのです。

組織で働くために必要な価値観

学生さんにとっては、まだ先の話だと思いますが、社会に出たときの話をします。私は、学生さんに「会社に入ったら辞めるな」と伝えています。一度は、入って頑張ろうと思った会社なので、自分が納得し、その会社の誰かが認めてくれる成果を上げられるまでは働いてください。「辞めない」というのは、非常にネガティブな言い方ですが、辞めないためには、1つの努力が必要になります。それは、組織の価値観に歩み寄ることです。それだけで十分です。

たった一度の人生なのですから、好きに働いたらいいと思います。でも、1つだけ無理をしてください。それが、みなさんの人生に確実にプラスになるでしょう。

6章　プロフェッショナル・スチューデント・ファーム（PSF）の概要

1　ＰＳＦ（プロフェッショナル・スチューデント・ファーム）の創業者

ＰＳＦの創業者

ＰＳＦ（プロフェッショナル・スチューデント・ファームの略称）の創業者・長嶋哲夫は、現在35歳です。

本書の題材となったＰＳＦの運営のほか、大学のキャリアセンターにおける就職相談役や法人向けの教育コンサルタントおよび研修講師を務めています。

まず、私の経歴をご紹介します。私がどういう人間か確かめてから本書を読めば、書いてあることを少しでも理解していただけるのではないかと思います。

ＰＳＦ創業者の学生時代

私は、上智大学に入学し、化学を専攻していました。化学が好きで大学院まで進学しました。大学内で部活やサークルは入っておらず、19歳のときからキックボクシングジムに通っていました。キックボクシングを始めたきっかけは、身体に対するコンプレックスです。幼少期から身体が細く、ガリガリといわれていました。「強くなりたい」という気持ちから、格闘技の世界に踏み込んだのを覚えています。キックボクシングを始めた頃に並行して筋力トレーニングによる肉体改造にも取り組みました。

私の最初の目標は、「力をつける」ことでした。半年間ほどで身体の構造が変わり、1年が経った頃には、胸囲が、90センチメートルから120センチメートルに変化していました。参考までに、筋力トレーニングはかなりのレベルまで上がり、ベンチプレス130キログラム、デッドリフト200キログラム、スクワット150キログラムがベスト記録でした。1年経って、肉体改造に成功したときに、自分に自信がついたと思います。

そして、キックボクシングからボクシングに転向しました。力任せのファイトスタイルでした。ここまでは、私の今のビジネスに何も関係ありませんが、目標をしっかり掲げ、達成できたのははじめての経験でした。

就職活動

今でも感謝していますが、私の恩師である大学の教授には、就職活動のときに本当に迷惑をかけてしまいました。教授の推薦で、業界トップのメーカーに入れるはずが、私が東京でボクシングを続けたいというわがままが理由で断ってしまったのです。

そのため、新卒時の就職活動は、ほとんどやっていないに等しく、卒業してからボクシングを継続していました。

ただ、卒業してから2年経った頃に、肩を故障し、就職する決断を下すきっかけになったのも教授でした。「大学院まで卒業した学歴があれば、まだ間に合うから、何かやってみろ」と背中を押してくれた言葉は今でも忘れていません。

そして、26歳になったばかりでしたが、ある専門商社のグループ内の教育会社にご縁があり、入社が決まりました。

人事・教育コンサルタント時代

私が最初にかかわった仕事は、専門商社の新卒採用・社員教育でした。私が人事の仕事をやってみようと思ったのは、「周囲の人を勇気づけたい」という気持ちがあったからです。

専門的な能力はありませんでしたが、活力だけが取柄だった私が唯一できると思ったのが、他者に力を与えることでした。

考えてみると、格闘技もそういう気持ちでやっていたと振り返ることができました。最初は自分が強くなりたいという理由で始めましたが、自分が闘うことで、周囲の人に力を与えていることに喜びを感じていました。

会社経営

私が自分で会社を始めたのは、２０１０年8月20日です。現在約3年が経ちます。こうしてやってくることができたのも、周囲の支えがあったからだと思います。

特に父親の経営に対する指導には感謝しています。祖父、父親が経営者であり、幼い頃から「いつか自分もやってやる」と思っていたので、当時32歳でそのスタートを切ることができました。

私の目的は、今も変わらず「人に勇気を与え続けること」です。自分にできることはそれだけです。

私のＰＳＦでの活動や、本書を通じて学生さんや地域が元気になってくれることを願っています。

経営者になってから学んだこと

会社を3年やってきて一番思うことは、自分の会社のミッションは、1人では絶対にやり遂げることができないということです。

ＰＳＦの顧問である高木さん・守護さん・Ｕさんをはじめ、多くの経営者の方々の支えなくして、今の私はないということです。ありきたりな言葉ですが、本当にそう思っています。

そのため、私が大事にしていることは、「感謝」です。

今のＰＳＦ生にもすごく感謝しています。

こんなに支えられている私は、使命のために生き続けるしかありません。

この事業をやり続けるしかありません。

もちろん、社会的な意義もありますが、身近にいる大切な人の期待に応えずして、大きなことは成し遂げられないと思っています。

2　PSF設立の理由

即戦力人材の輩出

企業の人材に対する期待は、どんどん大きくなってきています。また、社会・企業は、世界を基準に人材を評価しています。このような環境の中で、人材が定着しないのは、基準以下の問題です。今もこれからも必要なのは、どんな環境でも成果を上げられる人材です。環境は変化します。何があるかわからない中で、状況を予測し、起きたことを素直に受け入れ、希望する状態に物事を進めていける人材が必要です。これは、どんな企業・国でも共通していえることだと思います。

個の時代

特に教育は、個へのアプローチが重要になってきています。生き方や仕事に対する考え方が多様化していて、個人が定義する自立を応援する教育環境を整備しなければなりません。

また、働き方も変化しています。組織に所属せずに、個人で事業を運営している方が増えています。個人でも力があれば、十分仕事がとれる世の中に変わってきました。私は、企業がつぶれても、個で生きていく力をつけてもらいたいと思っています。それが、最大のリスク管理だと考えます。

国力を高める

国の力を高めるには、企業の力を高めなければなりません。企業の力を高めるには、良い人材を育てなければなりません。企業の稼ぐ力を高め、個人の所得もあがれば、国に沢山のお金がまわります。

われわれの日本は、借金が増える一方ですが、最善の対策は、人が育つ環境をつくり、良い人材が輩出できることだと思います。

中央集権型から地方分権型へ

私は、東京だけでなく、千葉や茨城の雇用支援も協力させてもらっています。県で予算をとり、県の意思でやっている施策が結構あります。各地域の状況は、各地域にいる方々が一番理解しています。各地域で、計画し実行する力がもっと高まれば、成長スピードが速くなり、国の力も高まるでしょう。各地域の企業や学校を巻き込み、地域で人を育てる強い仕組みをつくる必要があります。

世界からみたアジア圏の規模

アジアの人口は約40億人で、全世界人口の半分以上を占めています。アジアは、今、人材の宝庫であり、市場の拡大を期待されています。アジア人のビジネススキルを高めて、世界を牽引する力を持ったリーダーを多く輩出する必要があります。

3　PSFが目指すもの

私が実現したいことをお伝えします。当塾に限らず、多くの企業様や団体様でご活用できる事例になればと思います。私が各地域に踏み込んでわかったことですが、千葉や八王子エリアで、学生と一緒にビジネスをやりたい経営者がたくさんいます。その理由には、ビジネスパーソンとして地域に残り、一緒にエリアを盛り上げていきたいという願いがあるからです。また、経営者自身が、自分の会社がある地域のために何か貢献したいと思っているからです。

私には、人をつくる環境を整えたいという思いがあります。ここでいう人とは、幼児期の子供から定年後にまた働こうというシニア層までを含めています。各地域で、千葉や八王子にいるような経営者がいるのであれば、その方たちと一緒に、「地域活動を通じた人づくりの仕組み」を構築したいと考えています。

地域とは、学校や企業・行政を含みます。そして地域のビジネス活動を教育の機会としてつくります。

つまり、学校教育、企業活動、行政の取組みを同時に行い、地域全体が盛り上がるだけでなく、活動を通じて人材が育っていく状態を常態化します。「地域活動を通じた人づくりの仕組み」が運用できれば、それぞれに対するメリットは次のとおりになると推察しています。

学校

学校とは、地域の小学校・中学校・高校・大学です。小学校の段階から、地域貢献に繋がる実学を学ぶことができれば、将来、地域づくりができる人材を輩出できるはずです。知識だけでなく、実践をもとに得られる「知恵」を持った人材が必要です。

企業

その地域にある企業の課題に、「地域との連携」と「人材不足」があります。これは永遠のテーマだと思います。企業が学生の地域活動を応援すること、また学生が企業活動そのものに参加することで、その企業が地域貢献することにつながります。そして、学生が地域にある企業を知り、興味を持つことで、雇用のマッチングにつながる場合もあります。少なくとも、「知らない」という状況はなくしたいのです。

行政

学校と企業が協力し企業や商店街が繁栄すれば、税収も増え、地域に使えるお金も増えるでしょう。また、地域活動を通じて人が育つ仕組みができていけば、行政の戦略とうまく連動できると思います。

当塾でも、都や市、教育委員会からの依頼も増えて、国の政策に直接貢献できるようになりました。

4　ＰＳＦでの活動

ＰＳＦでの活動

ＰＳＦでは、地域の活性化につながるビジネスを学生主導で進めています。仕事は、自分達で企画し地域の企業や店舗に提案するもの、行政や企業から依頼されて進めていくものがあります。

26クラスの活動

２０１３年６月現在、ＰＳＦ千駄ヶ谷校では、26クラスが活動しています。クラスごとで異なるビジネスに挑戦しています。

各クラスには、経営者アドバイザーがいます。経営者と一緒にビジネスに取り組み、ビジネス視点でのフィードバックをもらえる環境をつくっています。

組織としてできること

今まで、ＰＳＦ千駄ヶ谷校では、各クラスが独立したチームのように活動してきました。

しかし、全体で２００人を超える組織となり、互いに機能を分けて協力したほうがうまくいくと考え、千駄ヶ谷校全体の目標設定と部門をつくりました。上の図が千駄ヶ谷校の組織図です。営業や広告が部であり、各部の中にクラスが入っています。クラスのマネジメントはリーダーが、部のマネジメントは部長が遂行します。

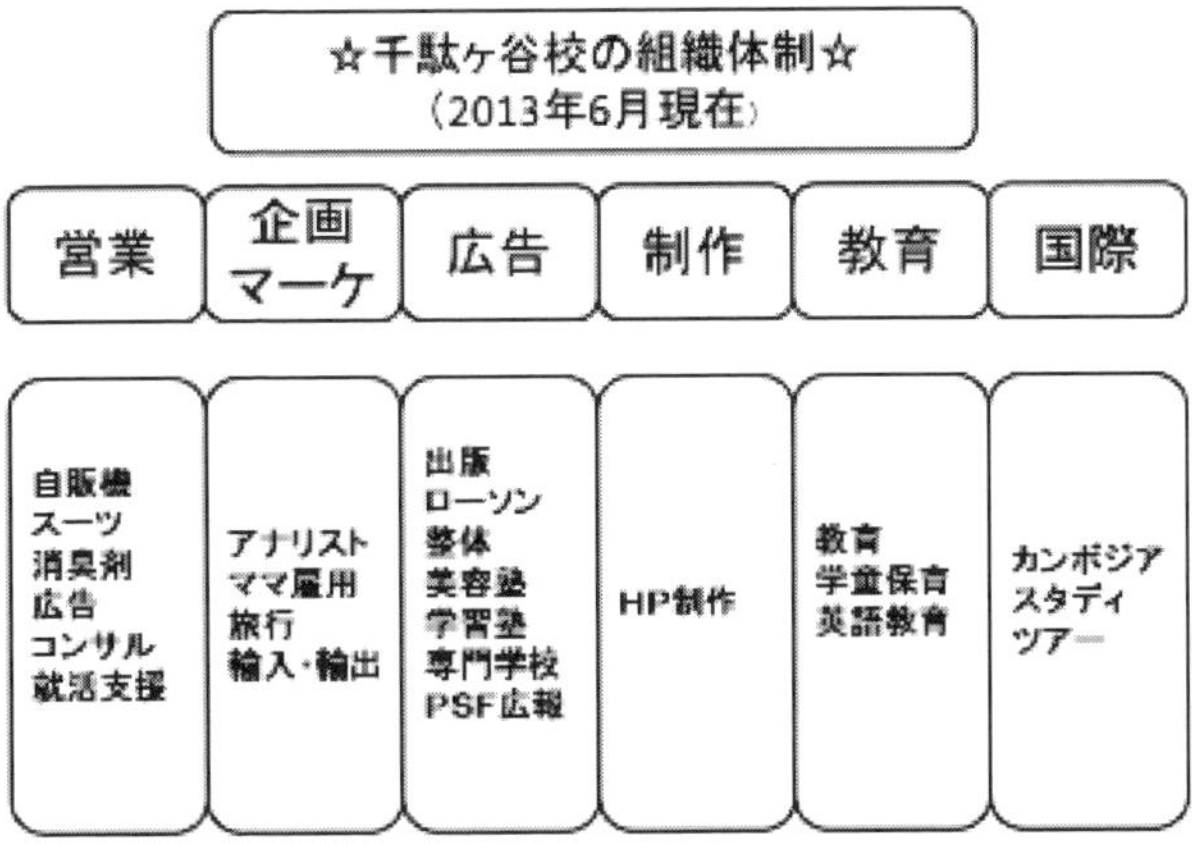

目標達成のためのマネジメント体制が千駄ヶ谷校で整えば、他地域の展開にそのまま活かすことができます。

そして、各クラスでどのような力がつくのかを明らかにして、どんな人材がいるのか・輩出できるのかを「見える化」します。

また、今の課題は、どうしても学生だけで進められるビジネスがないため、経営者に頼るしかありません。学生が企画して、提案できるビジネスをつくっていかなければならないと考えています。地域によっての最善のやり方を考え、密着型のビジネススクールにします。

各クラスで利益を上げた場合、クラスメンバーへの分配方法は任せていますが、利益の中から、地域への寄付や自分達のビジネスへの投資をし、レベルアップをしているクラスが多いのです。

5　ＰＳＦの教育システム

ＰＳＦは、成果を出す人材を輩出する教育機関のため、各クラスで目標達成を目指しています。目標達成のために、私が大事にしている指導ポイントは以下の４つです。

①　ビジネスを実践すること

ビジネスは、サービスと対価の交換です。そのため、困っている方に有益なサービスを提供し、満足してもらった結果、対価をいただくという一通りのプロセスが体験できます。本来であれば、お客様が満足してくれなければ対価をもらうことはできません。そのため、対価を得るために、お客様にとって良いサービスを真剣に考え実行するのが普通です。

しかしながら、会社に入ってからビジネスを実践すると、成果が上がっても上がらなくても、給与はもらえます。私は、何といい雇用システムだと思いながらも、サービスを与える側と対価を払う側両方にとって意味のないシステムだとも感じています。本当は、自分が稼がなければ、給与はないものと思ったほうがいいのです。会社に入ってから、給与をもらうなといっているのではなく、稼ぐことの重要性をしっかりわかってほしいのです。ビジネスを経験することで、それがわかると思います。だからこそ、入社後の真剣さに差が出ると思いますよ。

②　成果が評価軸であること

企業活動は、結果がすべてです。「一生懸命やった」「努力した」、これらの言葉はすべて結果につながったかどうかが問われます。そのため、きつくいえば、一生懸命やらなくても成果が出ればいいという世界なのです。そのため、すべて結果で評価しています。チームで年間の利益目標を立てているので、その目標に対するフィードバックを徹底しています。「一生懸命やりました」という報告ではなく、「どうすれば目標達成できるのか」という振返りができるようになります。

③　経営者からのフィードバックを得られること

人は、期待されていると、その期待に応えようと前進します。ＰＳＦのクラスには、経営者がフォローで入っています。もちろん、塾生主導ですが、必要に応じて経営者が指導しています。成果を上げるまでに、自分が後どのくらい成長する必要があるのか、正確に判断し助言できるサポーターが必要です。最初は学生のみでしたが、経営者が入ったほうが、成長スピードが速くなりますね。

④　仲間と一緒に目標を目指せること

新入社員もそうですが、やっぱり同期の結束は大事です。仲間を求めている学生が多いです。それも同じ志を持ち、語り合える仲間がほしいようです。諦めそうになったときに、仲間がいるから続けられる、また仲間と一緒に達成感を味わいたいという欲が強いみたいです。

6　ＰＳＦにはどうやって入るのか

入塾のルート

ＰＳＦに在籍する98％の学生は、紹介がきっかけで入塾しています。まだ知名度がないことと、信頼できる友達の後押しがないと入る勇気が出ないのでしょう。ネットからの申込みも受け付けています。

ＰＳＦは、体験入塾ができますので、インターネットで「キャリア・ナビゲーション」を検索し、ｐＳＦへの体験入塾申込フォームにご入力ください。月曜から土曜までの間で体験に参加できる曜日と時間帯を合わせてお越しいただきます。

体験入塾とは、簡単にいえばビジネスクラスの見学です。後の章でＰＳＦの講義も紹介していますが、その講義を他の学生と共に受けることができます。

また、クラス活動の様子を見学することもできます。クラスによって、活動する学生の人数から、ミーティングの進め方、取り扱う商材も異なっています。２０１３年7月現在、活動しているクラスは26クラスです。取り扱っている商材については、ＰＳＦでの活動の項目の１２３頁の図を参照してください。

入塾できる条件

やりたいことがある・ないは、ＰＳＦ入塾には関係ありません。やりたいことがないから、それを見つけるために、あるいは見つかるまで力をつけるために入塾するのだと思っています。ＰＳＦに入塾できる唯一の条件は、「成長意欲があること」です。私は、成長とは相手のために継続しなければならないものだと思っています。

なぜなら、成長していない人間に育てられた人間は成長しないからです。自分の生徒や部下、また子供が自分の成長不足で成長できないのは悔しいことです。

そのため、成長しないことを恥ずかしいと思える人材であれば、ＰＳＦに入塾できます。

クラスの決め方

クラスは、入塾する際に挑戦してみたいことがあるかないか、また出席可能な曜日を考慮して決めます。まず、出席可能な曜日を確認して、次にやってみたいことの確認をします。

何をやったらいいのかわからないという学生さんが多いので、私は「まず、何か挑戦してみて、自分に合っていると思ったら継続して、合わなかったら他のクラスに変えてみよう。たとえ合わないと感じても、力にはなるから大丈夫だよ」と伝えています。

未経験のことに挑戦する前は誰でも怖いはずです。少しでも不安を取り除いた状態でクラス活動に臨んでほしいと考えています。

7　PSFが企業や学生にもたらすもの

学生が得られるもの

ＰＳＦの活動によって学生が得られるものは、人脈と力です。私が起業して最も苦労したことは、人脈づくりでした。教育は、特に、色々な方の協力が必要です。起業してから2年間は人脈づくりに費やしました。

今だから言えますが、本当に仲間に助けられました。仲間がいなかったら、会社は潰れていたと思います。また、人事・教育担当者時代は、特に他社の人事担当者との付合いもなく、社内の人脈だけの付合いでした。

今となっては、視野が狭かったなと感じています。ＰＳＦは、30以上の大学から、将来働く場所はバラバラの学生が集まっています。既に２００名、エリアは東京と千葉、そして福岡や八王子に展開しようとしています。総数1万人を超えたときの人脈は、とてつもないことは理解できるでしょう。自分がＰＳＦの出身であることで、数年後には数万人の人脈を手にすることができるのです。私は、ＰＳＦ生が羨ましいです。

力については、ビジネスを経験した学生とそうでない学生の差は圧倒的に開くと思います。ビジネスなんて企業に入ってからやればいいじゃん、と思われる方が多いかもしれません。

しかしながら、企業内の社員の中で、社内うつが3割、社内ニートが1割、そして稼ぐ人材は1~2割といわれています。この対策は、徐々に打たれていますが、私は未然に防ぐことが一番の解決策だと考えています。

成果を上げる力には、いろんな要件が含まれます。企業に入ってしまうと、毎月当たり前のように給与が入ります。そのため、成果を上げる重要性を理解できていない社員が多いのではないかと思っています。だからこそ、就業前に、稼ぐことの必要性を認識してもらう教育環境をつくることが必要だと感じています。

企業が得られるもの

ＰＳＦが企業に提供できるのは、人材です。まず、企業側にとって重要なことは、採用した人材を辞めさせないということです。どんなに優秀な人材であっても、辞めてしまったら何も残りません。採用にかけた費用がコストになるだけです。

そのため、ＰＳＦ生には、辞めない・逃げない精神を叩き込んでいます。3年間は会社を辞めない人材を獲得できる、これは企業にとって大きな前進ではないでしょうか。

また、辞めずにいるだけでも困ってしまうので、どんな環境でも力をつけられる人材に育てます。ＰＳＦは、企業に真の戦力化できる人材を提供できます。

8　ＰＳＦでの最初の1か月

目標設定

ＰＳＦに入塾する学生の多くは、何をやったらいいかわからず、また自信のない方が多いです。私が最初に必ず生徒と話すことは、本人の目標についてです。目標といっても、「やりたいことは何だ」や「成し遂げたいゴールは」など、問い詰めるようなことはしません。目標そのものがわからないと思うので、「1年後の自分は今の自分と何が変わっているか」と聞きます。そう聞くと、「より信頼されています」や「印象が良くなっています」と答えてくれます。目標は、具体的なほうがいいのですが、最初から丁寧に目標設定ができる人材はいません。まずは、自分のシンプルな成長テーマを持つことが大事だと思います。そして、それをチームリーダーやメンバーと共有します。言葉にして伝えることで、目標に対する責任感が生まれるのです。また、他メンバーが自分に対してアドバイスをくれるようにもなります。目標設定は、何を始めるにも必要なことなのです。

クラスとチームメンバーの理解

私は、新メンバーには、まずは「場に慣れろ」と伝えます。誰でもはじめは、わからないことばかりのはずです。どんなチームなのか、またどんなメンバーがいるのかを知ることから始めます。

具体的には、こんなことを気にしてみるといいです。
・クラスの目標は何か
・クラスが大事にしていることは何か
・クラスは何をやっているのか
・所属しているメンバーは何で参加しているのか
相手を理解することで、自分が受け入れられるのです。これは、企業に入るときも同じことです。

居場所をつくる

チームやメンバーのことを理解すると、相手が自分を受け入れてくれます。次にやることは、自分の居場所をつくることです。自分の役割をつくるのです。自分は何ができるのか……。いきなり大きなことをやろうとせず、貢献意欲をメンバーに見せることが大事です。

チームというのは、１人で目標を達成するものではありません。みんなで達成するには、自分は何をすれば役に立つかと考えてみてください。

役割に優劣はありません。ＰＳＦ生は、メンバーそれぞれの役割があるからこそ、チームが成り立つことをわかっています。どんな組織に所属したときも、最初の１か月は同じことをします。

誰もが通過してきた道です。迷わず挑戦してみてください。

9　ＰＳＦで力がついた塾生と辞めた塾生

成長した塾生

ＰＳＦに入塾して、最短で1か月で化けた学生がいます。しっかりコミットできれば、3か月～半年で確実に成長できます。学生が成長すると、自信を持ち、顔つきが変わります。

ご家族や友人であれば、その変化に気づくはずです。最初は自信がなくビクビクしていた学生が、何人も成長して、今は輝いています。私から見てもカッコイイです。

高校生・大学生のみなさんは、潜在的な力は持っています。その使い方がわからないだけです。こちらが指導したとおりに動けば、少なくても私以上には成長できます。

成長した塾生の共通点は、「素直」であることです。私の伝え方が大事なのでしょうが、講義やフィードバックをよく聞いています。

聞いているというのは、「理解する」というレベルではなく、「行動する」レベルのことをいいます。

私が伝えた翌週には、行動が変わっている塾生が多く、成長の速さには目を見張るものがあります。言われたことを受け入れて行動してみようという器がすごいですね

辞めた塾生

ＰＳＦは、入塾と退塾の入替りが激しいです。

これまで、２００人以上の学生が入塾して、60人以上の学生が退塾しました。３人に１人が辞めています。辞めていく塾生が、ＰＳＦに所属した平均期間は３か月です。

私は、辞めるのは当たり前だと思っています。

学生にとっては、できればやりたくないことだからです。周りには、サークルや友達との飲み会、恋人とのデートとたくさんの娯楽があります。そんな中で、わざわざ苦しいことをやりたいと思う学生はいないでしょう。

私が、どんなに会社に入った後のことを伝えても、その立場になっていない状態で理解するのは難しいことです。今、ＰＳＦにいる塾生は、理解してくれているというよりは、私を信頼してくれているというほうが正しいかもしれません。

また、３〜４か月で辞めてしまう塾生の多くは、ＰＳＦ以外でもアルバイトやサークルなどで忙しく活動しています。

そのため、どれも課題が追いつかなくなり、潰れてしまいます。学生は、経験を大事にします。もちろん、経験は大事ですが、まずは、成果を上げることが大事です。１つのことで成果を上げれば、別のことでもコツがわかってきます。成果の出し方がわかってから、いろいろなことに手を出したほうが、達成感も強く持てると思います。

10　ＰＳＦ生に欠かせないマインド

社会に出れば絶対に必要となる価値観

塾生には、次にあげる価値観を頭に叩き込んでほしいと思っています。実際に、当塾で成果を上げている学生さんは、これらがしっかりできている人が多いです。

また、塾生として欠かせないマインドとしていますが、ＰＳＦ外でも社会に出れば絶対に必要となる価値観です。ぜひ覚えてください。あくまで目的は、成果を出せる人材になることです。

個人ではなく組織基準

組織を法人ともいうように、人格を持ちます。個人が価値観を持つように、組織にも理念があります。そのため、自分だけでなく、組織が大切にしていることをまず理解して、行動しましょう。自分が良くても会社としては認められないことが多々あるものです。

たとえば、時間に間に合えばいいといっても、会社としては10分前行動を大事にしているとしたら、それに合わせないと行動規範を乱してしまいます。「自分の好みや考えで動くことで、組織や集団にどんな影響を与えるか」ということを常に考えてください。

そうすることで、組織に効果的な影響を与えることができます。

自責化

他人や環境のせいにしないことです。方向性が違う、環境が合わない、それらはすべて自分の責任です。自分がどうするかという発想で行動することが大切です。

ビジネスを諦める人の多くが、価値観の違いや環境が合わないことを理由に辞めていきます。はっきり言ってそれは甘えです。当塾では、環境のせいにするなと常に教えています。本当に優秀な人材は、周囲の環境に左右されずに成果を出すことができるからです。

私は、みなさんに、周囲の環境に関係なく成果を出せる人材になってほしいと思っています。

相手への気配り

ビジネスにおいて、相手への気配りは至る所で影響力を持っています。

たとえば、相手がお客様だった場合は、商品を買ってもらうまでのフォローや訪問はもちろん、受注後のこまめな連絡が不可欠です。

また、紹介していただいた方が相手ならば、定期的な連絡やその後のお礼を欠かしてはいけません。たとえ断られたとしても、利益の還元もすべきです。これらは、一見当たり前のことのようですが、社会人でもできていない人がたくさんいるのが現状です。

このような相手への気配りが重要な理由は、ビジネスとして永続的な活動につながるかどうかが、相手との関係性によって決まるからです。ですから、ビジネスを実践する塾生には、確実に身につけておいてほしい価値観です。

多様な価値観を受け入れる

世界をフィールドにすれば、今まで直面したことのない人材と出会います。価値観が合わないからうまく付き合えないと思っている人が多いです。

ビジネスの世界では、異なる価値観が会社の相乗効果を生みます。見ている視点が違うからこそ、新たな発想が生まれ、サービスが進化するのです。また、自分と異なる価値観を持つ人材は、あなたを成長させてくれます。そういう方に出会ったときは、成長するチャンスだと思ってください。

成果にこだわる

成果にこだわる人は、まだまだ少ないです。だからこそ、人間関係が原因で会社を辞めていく人が多いのだと思います。まず、お客様の成果を出さないといけません。相手を勝たせることができれば、自分も最終的には勝てます。

そのため、何が何でもお客様の成果にこだわってほしいのです。こだわり続けると、余計な仕事を生まないし、必要なことに時間を割くことができます。効率が上がるのです。

7章　PSFの講義

1　ＰＳＦで行われる講義

６つの力

先に紹介したように、ＰＳＦで輩出する人材は、「どんな環境でも成果を上げる人材」です。つまり、「稼ぐ人材」です。そのような人材になるためには、６つの力が必要だと、私は定義しています。

それは、自己管理力、ストレス耐性力、マルチタスク力、行動力、人間関係力、稼ぐ力の６つです。ＰＳＦでは、この６つの力を高めることができるように、講義が行われます。

しかし、話を聞くだけの講義では、どうしても知識としてのインプットに偏ってしまいがちなので、実践につながるスキルも身につけられるような場も設けています。この章では、６つの力の中からいくつかの講義を紹介します。

96の講義

それぞれの６つの力はさらに細かく分類されます。たとえば、自己管理力の中には、目標設定や自責と他責、環境マネジメント、ＣＳＲについてなどが含まれます、また、ストレス耐性力には、価値観の明確化、ＧＩＶＥのマインド、欲求と目標などがあり、マルチタスク力には問題発見力、フレームワーク思考、意思決定スピードなどがあります。行動力には、ＰＣスキル、リーダーシップ、マーケティングなどが含まれ、人間関係力には第一印象、傾聴力、人脈の使い方が含まれます。最後の稼ぐ力には、理念や戦略、契約書についても含みます。このように、１つの力は分類されていて、すべてで96の講義に分けられます。毎週１つの講義を受講すれば、２年間ですべての講義が受講できるようになっています。

講義は聞くことに留まらない

ＰＳＦで行われる講義は、塾長の話を聞くだけではありません。もちろん、知識的な内容などを扱う講義は話を聞き、覚えることがメインになります。しかし、多くの講義では、自分で考えるワークや、クラスメンバー内でのディスカッション、さらにはロールプレイや発表の時間も設けられます。また、自分と向き合って考えたものについては、発表し、他の塾生の考えを聞き、意見の共有を図ります。さらには、メンバーや塾長からのフィードバックも得られます。

復習プレゼン

講義を受けた翌週には、クラスのメンバーに対して講義内容をプレゼンテーションします。塾長の言葉をそのまま伝えるのではなく、自分の言葉に言い換えることが重要になります。これを繰り返し、ＰＳＦ生は力を身につけていくのです。

2　自己管理力を鍛える

目標設定

4章の「目標を掲げよう」でもお伝えしましたが、72頁の目標設定シートは実際にPSFの講義でも塾生が扱ったものです。

所属するクラスでの目標や、自身の目標を達成するために、個々でシートに記入をします。最終的に達成しなければならないビジョンから、そのために必要な知識、スキル、価値観までをそれぞれが考えます。

ただ書くだけではなく、それを塾長やクラスメンバーに発表し、理解を得て、さらにはフィードバックも求めます。自分で考えたものが本当に正しいのか、そのとおりにすればきちんと目標が達成できるのかをチェックすることができます。

クラスでの目標を設定した場合には、メンバー内で共通認識として持っておくことで、その後の活動の進捗にもプラスに影響してくるようになります。自分の目標、クラスの目標を自分で設定し、その後の活動に活かすことができるように管理するためのシートになります。定期的に目標設定シートを確認するようにすることも大切です。

自責と他責

自責化、他責化については先にお伝えしたとおりです。確認したい方は、４章の「責任を受け入れよう」の項目に戻ってみてください。改めて確認すると、「自責化」は「自分事として考える」、「他責化」は「他人事として考える」ということでしたよね。責任を受け入れようということをお話ししましたが、１００％自責化することが良いと言っているわけではありません。あくまでも、自分のせいにして考えることができることが大切だということです。

この講義では、まず、「クラスでうまくいっていないことを、自分以外のせいにする」ということをします。環境や他のメンバーのせいにして、それをチームで共有します。次に、「自分がチームに与えている影響で悪いと思う所」を個人で考え、それをメンバー内で共有します。これが、自分のせいにして考えるということです。

全体を踏まえて考えることですが、「自分が変わらなければ何も変わらない」「他人を変えることはできない」「自分しか変えることはできない」ということをわかってほしいのです。いくら他責化したところで、うまくいっていない事態は解決しませんよね。

ただ、注意しなければならないことは、自責化し過ぎて自虐になってはいけないということです。程度が難しいですが、自責にしつつ自虐にならないようにということも講義では学びます。講義全体を通していえることですが、「ビジネスをやりつつ、行動と考え方を変えていく」ことが大切なのです。

3　ストレス耐性力を鍛える

ＧＩＶＥのマインド

これも4章の「ＧＩＶＥの精神を持とう」の項目でお伝えしたことです。講義の中では、色々なところでＧＩＶＥの精神は出てきます。

ＰＳＦの講義では、就職活動における自己ＰＲでいかにＧＩＶＥの精神を示すかということも学びます。就職活動生にとってはとても意外ですが、実践的で役に立つ講義です。

この講義では、ロールプレイを行います。実際の就職活動の面接場面を想定して、1対1の面接形式です。一般的な就職活動で想定される自己ＰＲは、自分の強みなどについて延々と語ることではないでしょうか。しかし、ここでは、相手が何を求めているかを聞き出し、そこに対して何を提供できるか、提案できるかを伝えます。

たとえば、その会社の今後の課題がわかっているのなら、それに対して自分のできることを伝えます。もし事前にわかっていなければ、面接のその場で聞けばいいだけです。

講義内でロールプレイをすることのメリットは、その場で相手から「実際に採用したいと思ったか」の評価を貰えることです。うまく相手にＧＩＶＥできているかが試される講義です。もちろん、もっとどうすればよいかのフィードバックも得られます。

組織で働くとは

ＰＳＦに入塾し、どこかのクラスの所属している限り、そこでビジネスをするということは「組織で働く」ということです。当たり前ですが、1人でビジネスをするのとは異なります。

組織に所属するメンバーには、それぞれ能力があると思います。能力といっても、「1人でできる」という能力（アビリティ）ではなく、「みんなでできる」という能力（コンピテンス）が組織では重要になります。たとえ1人では何もできなくても、チームに所属して何か成果を生めればそれでいいのです。

この講義では、クラスメンバーそれぞれの特徴やキャラクターから、その人のコンピテンスが何かを考えます。クラスでの役割やどのようなポジションにいるのかということも踏まえて、チームメンバーで話し合います。

メンバー全員分のコンピテンスを出し終えたら、チームとしてのコンピテンスを考えます。それぞれのコンピテンスを持つメンバーが集まったチームでは、何ができるのかということです。それが現状になるわけですが、おそらくそれが完全なものであるチームは、それほど多くはないでしょう。今後、より成果を上げていくためにどんなコンピテンスが必要かも考え、今後の活動につながるようにします。

4　マルチタスク力を鍛える

問題発見力

問題発見力とは、言葉のとおり、問題を発見する力のことです。似た言葉に問題解決力というものがありますが、こちらは発見した問題を解決する能力です。解決する前には、発見しなければなりません。当たり前ですが、問題発見能力のほうが大切です。

問題は、どんな組織にもあるでしょう。その問題を見つけるスピードが速ければ速いほど、そのチームでの成果が早く出ます。また、その問題を発見したとしても、誰かが発見しただけでは意味がなく、チーム内で共有しなければならないのです。むしろ、チームのメンバー全員が問題を共通認識できれば、その問題の9割は解決されるともいわれます。つまり、リーダーが1人でその役割を担うより、メンバー全員でやったほうがいいということです。

ここで、問題を発見するにあたって本当に発見しなければならないものは、成果が出ない一番の理由です。結果に直結するものでなくてはなりません。さらに、主語を明らかにし、明確に「何が」「誰が」悪いのかを示す必要があります。講義では、これをチームの問題に置き換えて考えます。そして、問題を発見したらそこで終わりではなく、実際にその問題を解決したら状況が変わるのか、成果として現れるのかまでメンバーの中で検討します。

ウィニングマップ活用法

ここでは、効率よく、そして確実に目標を達成するためのツールとして、ウィニングマップというものを紹介します。４章の「目標を掲げよう」の項目で、目標の立て方についてはお伝えしましたよね。ここでは、その目標を達成するまでのスケジュールを立てます。

目標・課題	全国大会出場	
4月	楽器決め	基礎練習
5月	楽譜読み	
6月	オーディション	合宿
7月	コンクール本番	メンバー決定
8月	練習	
9月	練習	
10月	全国大会	

上の図が、ウィニングマップです。まず、一番上に達成すべき課題や克服すべき課題を書きます。複数ある場合は、横に並べて書いてください。

時間軸は、現在から目標を達成する時期までにしておきましょう。そして、そこから逆算して、いつまでにどのような状態にしておけばいいのかを考えて記入します。上の図は、「目標を掲げよう」で示した例と同じ、全国大会に出場する吹奏楽部の例です。

みなさんもそれぞれの目標に合わせてウィニングマップを作成してみましょう。作成して終わりではなく、定期的に立ち返って確認することも重要です。

5　行動力を鍛える

リーダーシップ

リーダーシップとは、「影響力」のことです。

自分が周りからどう見られているかを意識しているかどうかで、行動が変わってきます。結果が外に出るように、自分の印象も自分ではなく相手が判断することです。

自ら率先して悪い影響を周りに与えたい人などいないはずですが、実際には、他人からどう見られているのかを考えていない人が多くいます。

リーダーシップは、もちろんリーダーになることで発揮することが求められますが、リーダーだけでなく、誰もが発揮してしまっているものであることを自覚しておいてください。自分の意思とは無関係に、勝手に相手が感じるものなのです。

社会で人とうまくやっていく上で決して無視することはできないものです。ＰＳＦでは、卒業生が社会を牽引していくリーダーを輩出することを目指しているので、講義でも重要視して伝えています。

また、ＰＳＦでのリーダーは、クラスリーダーに限りません。ＰＳＦでは、クラス活動のほかにもプロジェクトなどがあり、そのリーダーになることも可能です。リーダーを経験しておくと、メンバーでいるときにもリーダーの気持ちがわかるものです。

リーダーの心構え

リーダーとして覚えておいてほしい心構えは、次の３つです。

① メンバーと一緒で決して偉いわけではないこと。管理ではなく、メンバーと同じ仕事をすること。

② 目標を見続けること。メンバーと一緒に愚痴や文句を言わないこと。

③ 目標からのロジックを大事にすること。感情ではなく、冷静に目標に対して何が足りないのかを考えること。

メンバーと同じでなければならないこと、メンバーと同じであってはいけないことがあり、やはり「リーダー」というのは経験したことがないと理解しがたい部分があると思います。

リーダーの役割

リーダーの役割は、次の4つです。

① 目的を明確にすること
② 組織化すること
③ 人を動かすこと
④ 結果を出すこと

4つの中で最も大事なことは、4つ目の「結果を出すこと」です。メンバーの育成や動機づけ、チームの士気を高めることや、役割分担をすることよりも先に、結果を出すことが重要です。

なぜなら、人は目的があっても半年間結果がでなければやる気が出なくなってしまうからです。たとえ企業内で投資したプロジェクトであったとしても、結果を出すことができなければ消滅します。リーダーは理想の形に少しでも近づいているという実感をメンバーに与えなくてはなりません。

6　人間関係力を鍛える

傾聴力

人脈の大切さは、ここまででもお伝えしてきました。人間関係力を鍛えるには、相手の話に耳を傾ける力が大切になります。相手の求めているものを正しく受け取れるようにする必要があります。

この力を測り、また鍛えるために、「マイホームビルディング」というワークを行います。２人ペアで、一方は相手がどんな家に住みたいのかを尋ね、それを実際に絵に書きます。答える側は、「はい」「いいえ」と聞かれたことに対する答えしか言ってはならないのが難しいところです。

では、ここで、実際にマイホームビルディングのワークを体験していただこうと思います。次の頁に上部に質問、下部にそれに対する答えの絵がありますので、下部の絵を見ないで、上部の質問に対する答えをもとにして白い紙に絵を書いてみてください。この紙はみなさんで用意してください。その後、ご自身が描いた絵と、下部の答える側の人が頭の中に想像していたもの（絵）を答え合わせのように照らし合わせ、合っているところ、間違っているところを確認してみてください。

また、間違っている点については、どんな質問の仕方にすればよかったのか、どんな質問を追加すればよかったのかなど、求めるものを引き出すにはどうすればよかったかも考えてみてくださいね。

マンションに住みたいですか？ーいいえ。
一軒家に住みたいですか？ーはい。吹き抜けを作って明るい家にしたいです。
何階建てがいいですか？ー2階建てがいいです。
屋根裏部屋は欲しいですか？ーはい。
屋上は欲しいですか？ーいいえ。
ベランダは欲しいですよね？ーはい。
1階につけますか？ーいいえ。
2階ですか？ーはい。
お庭はどうしますか？ー芝生の庭が欲しいです。
駐車場はどうですか？ー広い駐車場が欲しいです。
立地にこだわりはありますか？ー駅から歩いて10分以内がいいです。
他に近くにあって欲しいはありますか？ーコンビニは徒歩5分以内に欲しいです。
お家の見た目にこだわりはありますか？ー天窓が欲しいですね。
日当たりがいい所がいいですね？はい。吹き抜けを作って明るい家にしたいです。

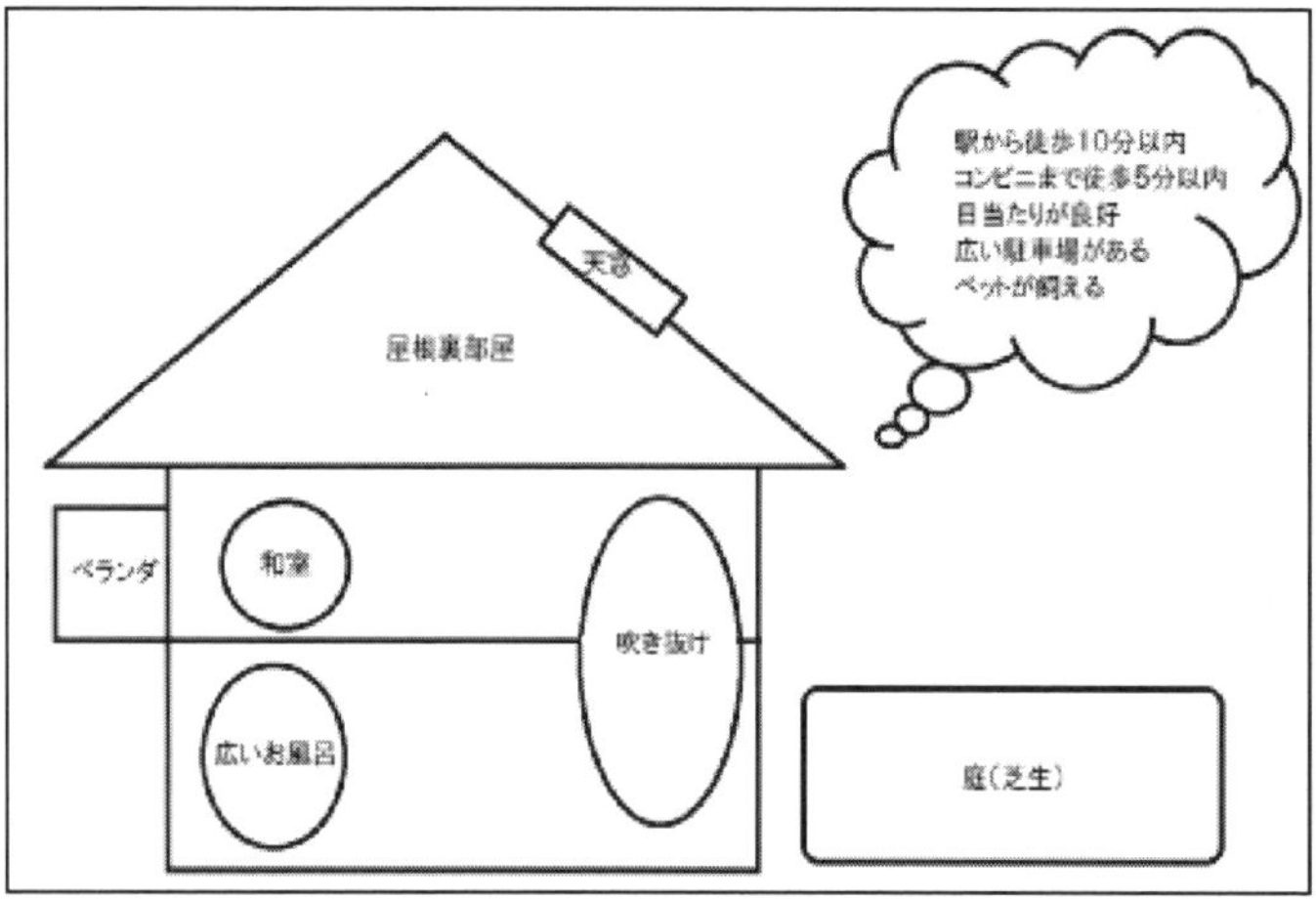

コミュニケーションの基本

コミュニケーションは、「伝達」や「意思疎通」と訳されますよね。覚えておいてほしいのは、コミュニケーションは不確実なものということです。

たとえば、もともとの情報を100としたら、その情報を手に入れたAさんの時点ですでに90になってしまいます。

さらに、その情報をAさんがBさんに伝えたとすると、Bさんに伝わった情報は70ほどになってしまうのです。もともと100の情報が7割程度になってしまうなんて、とても不確実ですよね。

これは、伝える側と受ける側の価値観や捉え方のずれや能力の差、姿勢の違いが影響しています。

この通常は7割程度になってしまっている情報の伝わり具合ですが、できればもっと高い確率で正確に伝えたいですよね。

そのためには、伝える側と受ける側の両者に意識が必要です。

伝える側は、ニュースなどと同じように事実を正確に伝えなければなりません。感情で伝えることも、想いが伝わるのでいいのですが、まずは事実を伝えましょう。感情は、その後です。

一方、受ける側にも意識が必要です。事実を正確に捉えることです。相手が伝えようとしていることが事実なのか感情なのか判断しなければなりません。

この意識は、立場が上になればなるほど重要になります。逆にいえば、これをわかってしまえば、もう怖いことはないのです。

コミュニケーションの実践

いくらコミュニケーションの重要性をいわれても、実際にやってみなければわからないですよね。講義では、もちろん実践もしています。

まず、コミュニケーションには、次の4つの段階があります。

① 第一印象
↓
② 態度・姿勢
↓
③ 話し方
↓
④ 個性・内容

誰かとコミュニケーションを取るときは、この順でクリアしていく必要があります。

たとえば、就職活動の面接でも、個性や内容で勝負する前に、第一印象が大前提として良くなければなりません。話し方では、敬語や挨拶も重要なポイントとなりますね。

講義の中では、正しい立ち方、座り方、お辞儀の仕方、入室の方法は、塾長のＯＫが出るまで繰返し練習します。すべての基本となる部分ですから、常識として身につけておきたいですね。

7　稼ぐ力を鍛える

戦略

何事にも戦略は必要です。講義では、この戦略の大切さを学ぶために、「射撃ゲーム」を行います。クラス対抗で、点数を取り合うゲームです。左上の図のように5×5の25マスがあり、どこかに得点が入っています。5点は1か所、3点は隣り合った2か所、1点は隣り合った3か所です。1度に3か所撃つことができ、合計3回の射撃で獲得点数を競います。制限時間内に撃つことができなければ得点はありません。

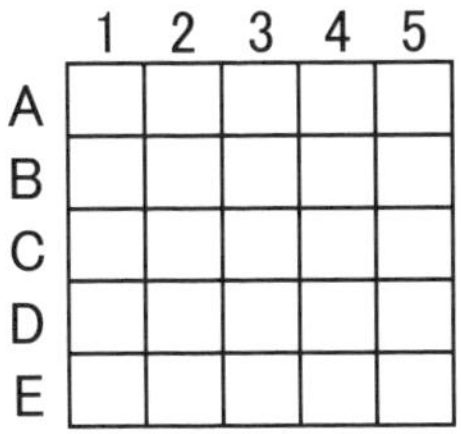

相手のチームをいかにうまく使うかがポイントになります。相手チームが撃ったマスの点数によって、より高得点のマスがある場所を絞ることができますよね。ですが、どこのチームも待っている状態では、時間切れになってしまうこともあるでしょう。そもそもルールを理解するのに時間がかかったり、チーム内で同じ考え方が共有できていなかったりするかもしれません。

ゲームが終わった後に振り返り、どうすればよかったのかを話し合い、戦略の大切さを学びます。

財務諸表

ＰＳＦでは、将来の起業家の支援もしています。また、起業家でなくとも、会社の財務分析はできたほうがいいです。

さらに言えば、就職活動で受ける企業の財務分析ができたら、今までとは違う側面からその企業を見ることができるようになります。

ＰＳＦ生であっても、財務諸表を扱うことについては、ほとんどが初心者です。損益計算書とは何か、バランスシートとは何か、キャッシュフローとは何かから始まり、言葉の定義を学びます。

いくつかの企業を例にとって、実際の数字をもとに計算の仕方の練習もします。売上高営業利益率を出し、社員１人あたりの月間売上高を出し、１人あたりの月間営業利益を求めます。

率で見ること、３か年で見ること、他社と比較することなども学びます。実際に複数の同業種で比較をし、そこから何か言えるかを考え、売上高営業利益率が低くても、社員１人あたりの月間営業利益が高いこともあり、それはなぜなのかということも考えます。

ただ分析をしただけでは、それを実際にどう活かせばいいのかわからないですよね。より実践的な力をつけるために、翌週には、自分で１つ企業を選び、財務分析をした上で、その企業に対する事業提案をします。自分で分析したデータをもとに企画書を作成し、クラスメンバーや塾長にプレゼンテーションする時間を設けます。

ただ学ぶだけではなく、実際のデータをもとに実践するというのが最も身につきやすいです。

8章　ＰＳＦ入塾で自分を変える

1　行動を変えることで意識も変わる

マインドチェンジってなに

マインドチェンジとは、「行動を変えることで意識も変わる」ということです。

意識を変えるというのは、簡単なことではありません。意識を思うように変えることができたら、ＰＳＦに入塾する必要はありません。

今まで見てきた学生の悩みは、頭でわかっていても身体がそうならないということでした。そのため、まず、目に見える行動を変えてしまうことで、後から意識についてこさせるほうがいいと思います。

たとえば、朝しっかり起きて出社しなければいけないということは、誰でもわかっていることですが、行動がそうならない方が多いと思います。そういう方に対して、「意識を変えろ」と伝えても、朝早く起きるようになるとは限りません。

朝早く起きるように目覚まし時計を３つに、それでも足りなければ５つにと、強制的に行動を変える環境をつくってみてください。最初は慣れなくても、段々意識がついてくるようになれば、自然と起きるようになります。

また、私には浪費癖があり、すぐお酒や洋服にお金を使ってしまいます。節約しないといけないという意識はありますが、行動を制限することができません。そのため、お金やカードを自宅に置いて外出するようにしています。

それでも、自宅に置いてきたことを忘れて、財布を開けてしまうことがありますが、何も入ってないことに気づき、「あ〜そうだ。我慢しなきゃ」と思うときがあります。

このように、自分の行動を強制的に変えるような環境設定をしてしまうことが、意識を変える最善のアプローチではないかと考えています。

マインドチェンジの目的

マインドは、相手に伝わります。同じ挨拶でも、気持ちがある人とない人では、伝わり方が異なります。仕事の1つひとつにマインドは影響するものです。

どんなにスキルが高くても、マインドのある人には勝てません。見せかけではなく、マインドとスキルの両輪がある人が魅力的なのです。

ビジネスの世界でも何でも、目標に向かって活動する上で大切なマインドは、自責を基準に物事を考えられるようになることです。何でも環境や職場、上司、仕事内容のせいにする人は、よい仕事ができません。それを他責化といっていますが、自分ではどうすることもできない外的要因の責任にしてしまうことです。

どんな状況でも、自分がどう変わればいいのか、自分がどうかかわればいいのかという基準で考えられると早く成長できます。ビジネスに必要なマインドを考え、意識してみましょう。

マインドチェンジが必要な人

マインドチェンジが必要な人とは、狭い価値観の中で生きている人です。

学生のうちは、あまり意識することはないかもしれませんが、社会人になってビジネスをするようになると、価値観は特に重要なものとなります。

狭い価値観の中で生きていこうとすると、自分の価値観に合わないものはすべて受け入れなくなります。組織も価値観を持っているというのは、「組織で働く上で大切なこと」でもお話しします。組織の価値観に合わせていこうとしないと、その組織でうまくやっていくことはできません。

学生のみなさんも、いずれはビジネスパーソンになるのですから、このマインドチェンジをしっかり行ってほしいのです。というのも、企業側も「働くために必要なマインド」を持った学生を求めているからです。就職活動中であっても、エントリーシートやマニュアル本に沿った、非常に狭い価値観で行動しないでほしいのです。

次の項目から紹介するのは、ＰＳＦに入塾して実際に自分を変えることができた人へのインタビューです。彼らは、マインドチェンジに成功しています。入塾前に悩んでいたことがそれぞれあるので、みなさんに共通する点を見つけながら読んでみてください。

2　自分を変えることができた人・『就職活動が不安だった』大学4年生の東さん

入塾した理由

一番の理由は、就職活動を無事に終えられるかが不安だったからです。

自分には、「何かを成し遂げた経験」はこれといってなく、漠然と学生生活のうちに何かをしたいと思っていました。このままでは就職活動のときに話す内容に困ると思い、学生のうちからビジネスをして他の学生と差をつけたいと思いました。

また、内定が決まったとしても、今までにビジネスの経験がなかったため、会社でやっていけるのか、長く働き続けることができるのか不安に感じていて、その不安を抱えたまま社会人になるのは嫌でした。そのため、就職活動を始める前に何かやりたい、今の自分を変えたいという思いで入塾しました。

入塾前と今で変化したこと

実感しているのは、「悩んだらやってみよう」と思えるようになったことです。入塾前は、「本当にできるのか」とやる前から躊躇してしまいがちでした。

ですが、入塾してからは、行動すれば必ずその分だけ結果はついてきますし、結果が出なくても学びがたくさんあると気づくことができました。

成長のきっかけになったこと

自分がチームに迷惑をかけていることを意識したときのことです。

入塾して1か月経ったときに、クラスメンバー全員で電話でのアポイント取りをしていました。アポイント取りははじめての経験で、その月に1件もアポイントを取ることができませんでした。そして、そのことがチーム全体のモチベーションや、チームとしての実績を下げることになり、チームに悪影響を与えていることに気づきました。

それから、まずはアポイント取りにかける時間を増やし、うまい人の真似をしてみたところ、1か月後にはチームで一番多くアポイントを獲得することができました。そこから、チーム全員に認めてもらえるようになり、クラスのサブリーダーも任されるようになりました。

現在は、リーダーを任され、プレーヤーだけでなく、マネジャーの視点を学ぶことができています。

次の目標は

個人としては、卒業までに不労所得をつくりたいです。

クラスとしては、全員の成果で月間最優秀クラス賞を獲得して、みんなで喜びたいです。

3　自分を変えることができた人・『低学歴コンプレックスに悩んでいた』大学3年生の野嶋さん

入塾した理由

もともと学歴にコンプレックスがあり、低学歴の自分が就職活動で勝つための武器がほしかったため、入塾を決めました。

家庭でも、父親が働いていた大手企業が倒産してしまい、家計が厳しい状況に加えて自分の学歴が「日東駒専」未満ということで、将来への不安が大きかったです。

しかし、ＰＳＦに入塾した動機として、最初は、ビジネスを学びたいとか、企業とかかわりたいとか、そこでの成長は特に望んでいませんでした。

入塾前と今で変化したこと

「ビジネス＝デスクワーク」という仕事に関する概念が大きく変わりました。ビジネスとは、考えていたよりもずっと泥臭いもので、飛び込んでいかないと成果は出ないと実感しました。

また、ゼロから自分で何かを生み出さなければならない場合、「行動→思考→継続＝結果」という一連の流れがあることを実感しました。

これまでのように、考えてから行動するようでは、結局、考えるだけで終わってしまうため、新しいことを始めるにはまず行動が大事だと感じています。行動しないことには、何も実現できないからです。このことに気づいたときから、動くまでのスピードをとにかく意識しています。このことが、今の自分の一番の強みにつながったと思います。

結果として、今では、就職活動が楽しみで仕方ありません。不安が大分軽減したので、むしろ低学歴でどこまでやれるかという楽しみに変わりました。ＰＳＦで培っている経験を最大限生かして学歴に左右されない就職活動をしたいと思っています。

成長のきっかけになったこと

自動販売機のリプレイス営業をしたことです。これは、いわゆる飛込み営業です。飛込み営業の経験は、全くなかったため、ゼロからの挑戦となりました。厳しい面も多々ありましたが、クラスメンバーの協力や行動を重視する価値観が実を結び、はじめての契約を獲得でき、自信がつきました。

次の目標は

就職活動までに、チームでＰＳＦ内の月間最優秀クラス賞を獲得します。また、リーダーシップ力のある人間の中でも、飛び抜けて仕切れる人材になります。

4　自分を変えることができた人・『大の面倒くさがりやだった』大学3年生の松井さん

入塾した理由

入塾する前は、何かを始めても継続することができないという悩みを持っていました。たとえば、勉強でも、大学の課題でも、最初に決めた目標を達成することができず、途中で投げ出してしまうことがほとんどでした。そのような自分を情けなく思っていましたが、それでも自分を変えたいという思いは常に持っていました。

ＰＳＦへの入塾を決めたのは、今度こそ本気で自分を変えたい・変わりたいと思ったからです。また、ＰＳＦという団体に対して今までに見たことのない面白さを感じたからです。ここでなら、面倒くさがりの自分も目標に向かって真剣になれるきっかけを見つけることができるのではないかと思いました。

入塾前と今で変化したこと

1つのことに対して継続して努力することができるようになったことです。ＰＳＦビジネスのクラスで取り組んだのは、飲食店の集客サポートです。

実際に営業している飲食店に対しての営業ということで、自分の責任の大きさを実感しながらの活動でした。

しかし、このビジネスをやり遂げることができたとき、新たな自分の強みを見つけることができました。

もう誰からも、怠け者とは言わせません。

成長のきっかけになったこと

自分が成長できた一番のきっかけは、今のチームに意識の高い人達がいたからだと思います。PSFでは、「環境のせいにするな」と教えてもらいましたが、正直、環境が良かったことで、自分は成長することができたともいえます。

自分が「こうなりたい」と思えるような人のそばで活動することによって、その人から見て学べることも多くあります。そのような場所では大きく成長できると感じています。

次の目標は

PSFに限らず、周囲の人から「松井と仕事をやると面白い」という認知を得たいです。そのために、1つのことを継続するというハードルは越えることができたので、どのように活動していくか模索中です。

5　自分を変えることができた人・『自信がなかった』大学3年生の根本さん

入塾した理由

自分に自信がなかったため、就職活動の前に、自分に自信をつけてから社会に出たいと思い、入塾を決めました。

もともと、将来への漠然とした不安があり、資格取得に励んだ時期もありました。しかし、何かが決まらず、何かしたいとの思いを持ちながらも何をしたらいいかわからず悩んでいました。

そんな悩みを抱えている中で、ＰＳＦというビジネススクールの存在を知ったとき、大学生でありながらリアルビジネスができるという環境に魅力を感じました。そしてそこに所属している学生さんとも交流したいと思いました。「何かしたい」という思いを実現できる場所を見つけた瞬間でした。

入塾前と今で変化したこと

マインドの変化が一番大きいと思います。入塾前は、なかなか自分に自信が持てなかったため、スピーチなど自分の考えを話すことに苦手意識を持っていました。

しかし、「自分が何かしたい」という思いよりも「クラスメンバーの役に立ちたい」という価値観に変化していってからは、人前で話すことが困難ではなくなりましたし、そのような行動を積み重ねることによって、自分自身に対して以前より自信を持つことができるようになりました。

それによって、将来の目標を考えて行動していくという道筋も描けるようになりました。

成長のきっかけになったこと

今のチームに所属したことがきっかけだと思います。自信がなく、行動になかなか移せない弱い自分を、周りのメンバーに引き上げていただきました。

もし、今、自信がなくて行動できないと悩んでいる人がいるなら、最初は周りの人を頼りにするのもありだと思います。基本的には、価値観は、相手基準だからです。

そこで周囲の人に影響されて変わる人は、私を含めてたくさんいました。

次の目標は

現クラスでリーダーという役割を任せてもらっているので、自分が周りを引き上げられる存在になりたいと思います。

背中で見せることも大事ですが、クラスがよりよい成果を出せるように、メンバー1人ひとりへの気配りやコミュニケーションを大事にしていこうと思います。

6　自分を変えることができた人・『大学生活に不満を抱えていた』大学4年生のAさん

入塾した理由

自分がやりたいことを、10年後ではなく今できる環境だと思ったからです。

もともと就活のためというわけではなく、面白半分でやってみようと飛び込みました。特に何かやってみたいことがあったわけではありませんでしたが、今の自分にどのような力があって、どれだけのことを実現できるのか知りたいと思ったからです。

入塾前には、大学生活への不満と就職活動への不安を抱えていました。具体的には、大学は好きでしたが、課外活動がサークルとアルバイトのみで、物足りなさを感じていました。

大学生活は、サークルなどには入っていましたが、これといって打ち込めるものがなく、充実感を感じることができませんでしたし、就職活動はあまりやる気がありませんでした。俗に言う、何となく過ごそうな大学生が世の中にこれだけいて、自分に内定なんてもらえるのかと思っていました。

さらに、友人からも、社会人に向いてないと言われてしまうような状況でした。また、大人達から、自分のやりたいことをしろとか、大手企業を受けろなどと言われることが非現実的な気がして、自分なりの生き方がしたいと思っていました。

入塾前と今で変化したこと

主体的に行動できるようになったことです。以前は、言い訳して何となく他の人に任せて、受動的に団体行動をしていましたが、社会では、そんなのは通用しないとわかりました。自分から動いて、相談して、喧嘩して、自分のやったことは、他人がよく見ているのだと気づきました。

このことに気づいてからは、学生だからという現状に甘えないように意識して行動しています。今までの自分ならば言い訳してしまうところでも、常に「自分はどうすればいいか」を考えるようになりました。

成長のきっかけになったこと

リーダーを経験したことです。完璧なリーダーにはほど遠いですが、自分で考えて自分で動くことの大切さを知りました。

また、自分がやりたいことに、1人ではなくメンバーがいることがどれだけ恵まれたことなのかを知り、はじめて他人のために頑張りたいと思いました。

次の目標は

きちんと収益を上げることと、メンバーの育成を遂行します。

また、リーダーとしての働きかけを学んで、収益に視点を持てるようになって卒業したいです。

7　自分を変えることができた人の共通点

自分を変えることができた人の共通点

前述の5名の学生とは多いときで週3日会うことがあります。一番短いメンバーでも、半年間は一緒に過ごしています。それだけ一緒にいるメンバーなので、はじめて会ったときと今の彼らの印象との違いに驚いています。

変化・成長したことは、彼ら自身が決断し、行動を起こしたことがきっかけです。そのため、彼らに共通していると感じる点をいくつか紹介したいと思います。環境ではなく、彼ら自身の要素から抽出して、ご紹介します。

「自信」が必要ないことを理解した

行動を起こすために、「自信」という要素はそれほど重要ではないということです。彼らは、自信で行動しているわけではありません。

実績をつくっていけば、「自信」がつくと思っていましたが、自信ではなく、「もっとこうしなければ」というミッションが強くなるばかりでした。自信がほしいと思ったことはありますが、成果を出すために、自信より大事なことに気づきました。それは、「とにかくやり続けること」なのです。もし、行動を起こすために自信がほしいと思う学生さんがいたら、もう大丈夫です。とにかく継続することに力を注げばいいだけです。

自分を飾ることなく自然でいられる

彼らはとにかく素直です。自分を格好よく見せようとせずに、感じたことをそのまま口に出してくれます。少なくても声に出したり、行動を起こしたりしてくれれば、こちらとしても軌道修正だけすればいいので、指導が楽なのです。しかし、自分から話さなかったり、口に出す言葉が綺麗事だったりすると、本当にどう思っているのかわからないため、どう指導したらいいか悩みます。

企業の中であっても、自然体でいられる人が、周りから好かれて、そこに人が集まると思います。

不安・不満をパワーに変えた

彼ら全員が、大学生活そのものや就職や将来に不安・不満を抱えながらも、愚痴で終わらず、何とか変えようと努力しています。彼らの不安・不満が前進できる力でもあるのだと感じました。

不満もなく、何も感じない人なら、行動を起こす目的もないですし、起こす気も出ないと思います。そのため、自分が抱えているモヤモヤした気持ちを前に放出することにより、プラスのパワーに変えていくことができれば、現状を打破できるのではないでしょうか。

9章　ＰＳＦ生・顧問の方への インタビューと今後の展開

1　すごいＰＳＦ生・「ＤＪスクールの総指揮を手掛け月額20万円稼ぐ」羽石英広さん

羽石英広さんのプロフィール

羽石英広さんは、成蹊大学に所属し、ＰＳＦに大学1年のときから関わっています。その頃から企業への営業活動や行政とコラボレートした活動に積極的に取り組んでいました。

現在は、趣味のＤＪを活かして、クラブイベントの企画やＤＪスクールの運営を手掛けています。

ＰＳＦに入ってから変わったこと

最も変わったのは、価値観です。ＰＳＦでよくいわれることの1つに、「結果が重要だ」という考え方があります。社会人にとっては、目標に対してどれだけ頑張ったかということは関係ないのですよね。結果に至るプロセスではなく、どれだけ結果を出せたか、貢献したか、この考え方を学生のうちに身につけることができたことは大きな変化だと思います。

もともと、とあるインターンシップに参加したことがきっかけで、ＰＳＦ創設期のメンバーに誘われました。その頃、自分の周りには、同じ学生でも大きな目標を持った行動力のある人に会う機会が多く、「もっと自分も行動したい」との思いから入塾しました。

入塾後、学生としてビジネスに関わる刺激的な経験は多くしてきましたが、やはり重要なことは、学生、社会人に関係なく「結果」です。そしてそのために大切なのは、基本的な姿勢だと思います。

今の自分に役立っている力・価値観は何か

「ほう・れん・そう」です。これはビジネスの基本ですよね。でも、これができていない人ってたくさんいると思います。

実際、欠席の連絡1つをとっても、「ほう・れん・そう」ができていない人はＰＳＦにもたくさんいます。

報告・連絡・相談、これを徹底してできているからこそ、今の自分があると思います。

今後、どのような人になりたいか

今の自分は、リーダーとして周りの人に影響を与えながら指揮をとることに長けていると自分でも思いますし、塾長にも言われます。

しかし、今後目指したいのは、すべてを取り仕切る目立ちたがり屋ではなく、周りの人間をうまくアシストしながら仕事を進めることのできる人材です。

もともと私は、人を見極め、その人のやる気を引き出すことが得意で、相手への影響力を持っています。周りを使う力を極めたいと思っています。

2　すごいPSF生・「毎月10万円以上売上の営業ナンバーワン」本間達也さん

本間達也さんのプロフィール

本間達也さんは、法政大学4年生。PSFの歴史に残るような結果を出すクラス「Legenders」を立ち上げました。飲食店の集客コンサルティングをメイン事業としています。

このクラスでは、アルバイトのように誰かが仕事を与えてくれるわけではありません。自分達で仕事になりそうなことを探し出し、行動して結果を出すことが求められています。

某グルメ情報サイトは、既存のメディアは新規のお客様を増やすことには適していますが、1度来店いただいたお客様をリピーターにすることには不向きである点に気づきました。

これを解決するために、Facebookにお店の専用ページをつくり、いいね！ボタンを押してもらうことで、リピーターを増やすお手伝いをしています。Legendersとして活動を始めて1か月ですが、すでに5店舗のお客様とパートナー関係にあります。もちろん全店舗自分たちで直接営業に行きました。

この1年間で提携店舗を100店舗まで増やし、その後は100店舗の規模を活かした広告事業にも参入する予定です。

ＰＳＦに入ってから変わったこと

成果を一番に考えるようになりました。以前は、みんなで仲良くやっていこうというスタンスでクラス活動に臨んでいました。クラスのメンバー全員が納得いく答えを引き出し、最適解を決めていくという感じでした。

今では、いかに成果を出していくかという点に重きを置くようになりました。時には自分の意見を強く押し出すこともあります。成果を出すためにどうしたらよいのかを常に意識しています。

今の自分に役立っている力、価値観は何か

長嶋さんの受け売りではあるのですが、「与えられた環境で、最大限の結果を出す」という考え方です。

たとえやりたくないことだったとしても、与えられた環境で結果を出すことを信条としています。

今後どういう人になりたいか

常に人の期待を超えていきたいですね。期待どおりの成果しか出せない人って結局それまでなのですよね。ましてや、期待を裏切るなんてもってのほかです。

人の期待を超えた先に、今の自分のレベルを引き上げてくれる仕事が待っています。そういうの、ワクワクしますね。

3　すごいＰＳＦ生・「１人でセミナーに１３０人を動員」Ｆ・Ｍさん

Ｆ・Ｍさんのプロフィール

東京学芸大学に所属し、カンボジアスタディツアー集客の活動をしています。最初は、ＮＰＯの代表が大学にきたことがきっかけで、場所と人数の確保を任されました。１年間でセミナーに学生約１３０人を動員し、その中から約30人をスタディツアーに派遣しました。

ＰＳＦに入ってから変わったこと

入塾前は大学にしか所属していませんでしたので、人とかかわって活動をすることはありませんでした。１年生の時点でたくさんの人とかかわっておいたほうがいいと当時の自分に伝えたいです。

友人に誘われたのがきっかけですが、当初は、社会人というのは漠然とかけ離れた存在というイメージがあり、それに少しでも近づけたらいいなという思いで入塾しました。ＰＳＦの活動で、自分が動いたことによる結果が数値として目に見えたことでモチベーションが上がり、他の団体にも所属しようと思いました。

入塾後に気づいたことは、「組織の中での自分の役割を把握すると事態がうまくまわる」ということです。全員がリーダーでも全員が指示待ちでもだめです。組織にどういう性格の人がいるのかを瞬時に把握して、自分がどういう役割を担うべきか見極めることが大切だと思います。

今の自分に役立っている力、価値観は何か

「自分のモチベーションだけでは、他人や組織は動かない」ということです。いくら自分にやる気があっても、セミナーに参加してくれない人もいました。その理由を知るために勉強もしました。これはクラス活動にもいえることで、いくら自分がいいと思っても、うまく進むとは限らないと気づきました。

「成果を出すためには自分のモチベーションは関係ない」という長嶋さんの言葉があり、それを聞いた当初はよくわかりませんでしたが、実際に集客などの活動を始めて、長嶋さんの言葉や講義の内容が実践で使えるものだとわかりました。

今後どういう人になりたいか

今はまだ、枠組みが決まらないと動き始めることができないので、その枠組みを自分で決めるところからできるようになりたいと思います。その上で、自分の持っているものを他人の成長や社会問題の解決に使える人になりたいですし、そう思う人を増やしたいです。誰かのモチベーションになれるような人を目指したいと思います。

4　ＰＳＦ生に期待するもの・広告代理店勤務・Ｕ氏

Ｕ氏のプロフィール

ＰＳＦでは出版クラスのサポートをしています。出版クラスとは、本の企画書の作成、企画書をもとにした出版社への営業、本の執筆や販売までを行うクラスです。

出版クラスの目的は、ゼロから企画を立てて形にする過程を学生自ら考え構築していくことです。

ＰＢＦ（プロフェショナル・ビジネスパーソン・ファームの略称）では、アドバイザーとして参加しています。アドバイザーとは、ＰＢＦの生徒同士のディスカッションが活性化するように、場を盛り上げる役割を担っています。

学生にとってのＰＳＦとは

ＰＳＦは、学生から社会人への橋渡し役のような存在だと感じています。学生のうちは、社会に出て働くことに対し、漠然とした不安を感じていると思います。しかし、ＰＳＦで実際にビジネスをしていくことで、「社会に出て働くこと」がどんなことなのかわかってきます。

また、ビジネスをする上で大切になる考え方を学ぶことができるので、他の学生より一歩も二歩も先を行く存在になれると思います。入社して即戦力になるような学生も出てくるのではないでしょうか。

大学卒業後の進路として、就職や起業など、他の進路の選択肢を持つことができます。「起業する」という選択肢は、知らないとできないことです。選択肢は、広く持つほど有利になります。お金を稼ぐことでも選択肢は広がります。

私が学生の頃は、起業について学べる場がありませんでした。学生のうちに起業等について学ぶことができるのは、非常に価値あることだと思います。

ＰＳＦの魅力

ＰＳＦに関わる人の人柄がよいことが最大の魅力です。社会に出ると、物を売りつけようとする人や、利用しようとする人が多くいます。自分の利益ばかりを優先させる人が多く、本当に嫌になるくらいです。

しかし、ＰＳＦにかかわる人は、筋がいい人達です。長嶋さんや、守護さん、高木さんなどの社会人の方だけでなく、学生さんもいい人が多いのです。

かかわっていく人がＷＩＮ‐ＷＩＮになるような関係があります。誰かが儲かると、誰かが損をするという関係性は、ここにはありません。そこにはお互い協力していこうという精神が根づいているのです。

ＰＳＦ生に期待すること

何に対しても、自分で限界をつくらないでほしいです。様々なことに挑戦してほしいです。１つのことを突き詰めていくことでも、様々なことをやっていくことでも構いません。若いうちの可能性は無限ですから。

学生のうちに身につけてほしい力

成功体験を積むことです。それが、将来の自分へとつながっていきます。成績をオールAにする、全部の授業に出てみるなど、成功体験はどんなことでもいいのです。

また、若いときには、パワーに満ちあふれています。若い頃の可能性やモチベーションは、想像しているよりも限りなくあります。

働く上では、「ポケットを増やすことで収入を得る」という考え方を持つといいと思います。会社で働くだけで収入を得るのではなく、他の方法でも収入を得ることもできるということです。複数の収入源があるだけで、１つの会社で働かなくてもいいという選択肢ができます。20代のうちは、１つの会社で、がむしゃらに頑張ってしまうことがあります。気づいたら身も心もぼろぼろになり、完治しない鬱病になってしまう例もあります。

そこまで力を入れることはないかなと思います。いずれにせよ、「お金があることで、選択肢を持つことができること」を意識するのは大事だと思います。

5　ＰＳＦ生に期待するもの・株式会社ＳＴＡＮＤＡＲＤ代表取締役・守護彰浩氏

守護彰浩氏のプロフィール

株式会社ＳＴＡＮＤＡＲＤ代表取締役。ＰＳＦの営業クラス「Ｌｅｇｅｎｄｅｒｓ」のサポートをしています。

また、２０１２年には、高木さん、長嶋さんと一緒に、社会人のためのビジネススクール、ＰＢＦを立ち上げました。ＰＢＦは社内成果を上げることや、社会人に責任感を持たせることを目標に社会人Ｕさんのサポートの下、主に営業のトレーニングを行っています。

ＰＳＦが社会に与える影響

自分自身の力で生きる人が増えて、誰もが責任感を持つような社会になると思っています。今の日本は、責任を押し付けたり、他人を批判したりすることは非常に多いですが、一方で選挙の投票率は60パーセントを切るなど、自分事として自己責任で物事に取り組むことが本当に少ないと思っています。無責任な状況で好き勝手なことを言うと、世の中を混乱させてしまいます。しかしそこに、ＰＳＦの出身者が多く輩出されることで、自ら責任を取ることのできる人が増えていきます。

自己責任で生きている人を増やしていくことで、間違いなく日本はよくなっていきます。「責任＝コミット＝成果」という考え方を社会に浸透させていくことが大事だと思います。

なぜＰＳＦに関わろうと思ったか

教育が社会にとって一番重要で、会社を設立したときも教育事業は絶対やりたいと思っていました。しかし、教育だけでビジネスをやっていくのは非常に大変です。要はそれだけでは飯は食べられません。ある学生の紹介で長嶋さんと出会い、いろいろ話す中で、長嶋さんとは教育の理念が一致していました。長嶋さんを応援することが教育の近道になると思い、ＰＳＦに協力することを決めました。今はＰＳＦ出身の人材が世の中を変えるという確信があります。

身につけてほしい力

2点あります。1つは、「自分で飯を食える力」です。もう1つは、「批判に耐える力」です。

「自分で飯を食える力」とは、所属する会社が明日倒産しても、自分で稼いで飯が食べられる力を持っていることです。終身雇用の時代も終わり、安定の意味が「大企業に所属する」から「自分の力で稼ぐ」になってきています。たとえば外資系の生命保険会社の営業はフルコミッションです。成果を出すのも、出さないのも自分次第、かつ、うまくいっても、うまくいかなくても責任はすべて自分にあるわけです。そういう環境で自分を磨き、会社の看板ではなく、個人の看板で勝負する力を身につけてほしいです。

「批判に耐える力」とは、自分のやりたいことのためにブレない軸を持つことです。何かに挑戦するとき、周りから批判されることがほとんどです。人は変化を嫌う生き物です。ＰＳＦの行う教育も、周囲の人からは批判されることも多々あります。しかし、私は、ＰＳＦの未来に対し、ブレることはありません。１００パーセントの確信があるのでどんなことを言われても、一切気になりません。軸が定まっていない人は、周りからの声で方向を変えてしまいます。そこで軸を変えると支援者も離れます。私の知っている成功者は、支援者と同じ数だけ批判者がいます。みんなが支援者ということはあり得ません。

「自分はこうしたい」というブレのない軸を持ち、何を言われても耐えられる力を身につけてほしいです。ブレない軸は、何かをやり遂げた経験や、自信、確固たる想いを持つことが重要です。

学生のうちにしておいて欲しいこと

とにかくたくさんの人の役に立ってほしいです。「ありがとう」と言われることをたくさんやってほしいです。また、世界を旅したり、とにかく多くの人に会ってほしいのです。さらに、本もたくさん読んでほしいと思っています。そして見て、聞いて、感じたものを積極的にアウトプットしてほしく、それらの情報を待っている人に伝えてあげてください。

アウトプットなきインプットは意味がないので、とにかくアウトプットを習慣にしてほしいです。

6　ＰＳＦ生に期待するもの・株式会社ｎｓｔ代表取締役・高木淳史氏

高木淳史氏のプロフィール

株式会社ｎｓｔ代表取締役。ＰＳＦでは、戦略構築を担当しています。長嶋さんの理念に１００パーセント同意して、その理念を達成するためには何が必要かを考えています。

関与してから、ＰＳＦ生が30人から１５０人に増えました。

また、ＰＳＦの運営に協力してくれる経営者のアサインをしています。

なぜＰＳＦにかかわろうと思ったか

きっかけは、長嶋さんと会い、長嶋さんの「新しい教育環境を創りたい」という理念に共感したからです。

長嶋さんの理念と行動に惹かれました。

学生に一番学んでほしいのは、学生のうちに「主体性を身につけること」です。主体性は、年齢に関係なく身につけられます。しかし、死ぬまで身につかない人が大多数です。

主体性

「自立」の構成要素です。「自立」は、「客観性」「主体性」で構成されています。客観性とは、自分が他人、世間からどういう評価を得ているかを第三者的な視点で認識することです。

主体性とは、「自分自身以外に責任を求めない」ことです。

主体性がある例として、一緒に仕事をしているチームメンバーがミスをしたら、それを自分の責任と認識して、ミスのリカバリーを率先してやり、次に同じミスを起こさないような仕組みをつくることです。今ここにいる自分、今の自分の状況は、「自分が選択した結果」と認識します。

ストレス、不安を感じる場合は、「その感情をつくったのは自分自身」であると認識します。「コントロールできるものは自分自身しかない」と認識します。

なぜ主体性が必要か

主体性がないと、状況を変えることができなかったり、すぐに諦めてしまったり、知らないうちに他人のために自分の時間（人生）を使うことになってしまいます。他人のために時間を使うことはとてもよいことですが、そのときに主体性があるかないかで全く違う結果になります。主体性がない状態というのは、他の人の指示を待っているという状態です。

「言われてないからわかりません」「聞いていません」は最悪です。「人のせいにする」というのも主体性の欠如です。

7　ＰＳＦ千葉支部

千葉支部とは

ＰＳＦは千駄ヶ谷にありますが、千葉支部は千葉を活動拠点としています。支部長を務めるのは、大学生の安谷屋さんです。安谷屋さんは、「行動したい」と思う人に「行動する」場を与える環境をつくりたいという一心から、千葉支部を立ち上げました。

千葉支部では、「学生が千葉でビジネスを盛り上げる」というビジョンを掲げています。千葉支部は、運営部、営業部、技術部、広報部の現在4部門で構成されています。

２０１３年5月現在、営業部が5人、技術部が8人、広報部が2人の計15人です。

4部門の概要

運営部は、ＣＨＩＢＡ活に関する運営、イベントの開催、集客などについて話し合います。営業部では、その名のとおり「営業活動」をします。ノルマとして、週に2コマは必ず営業に行ってもらっています。技術部では、ＨＴＭＬ、ＣＳＳ、ｊａｖａｓｃｒｉｐｔ、ＰＨＰ、Ｒｕｂｙなどのホームページ作成、ＷＥＢシステム作成からアプリ開発までを勉強します。

技術部では、商材を生み出します。広報部は、広告代理店に進む方向で、自社メディアを通じて広告媒体としての価値を高めようと活動する部門です。２０１３年5月現在は、Ｆａｃｅｂｏｏｋページ「西千葉いいね！」、ＷＥＢサイト「千葉大生．ｃｏｍ」の運営をしています。

扱う商材とは

千葉支部では、外部からの商材を使用していません。学生達の技術でホームページやシステムをつくることができるため、その能力を活かして営業をかけています。

また、大学のデザイン学科と協力してフライヤー制作やロゴ、パンフレット制作の営業もしています。

これまでの実績

ホームページ制作のほうでは、学生が低価格で高品質なホームページが作成できるということで、千葉支部開始2か月時点で既に10万円程度の案件を引っ張ってきています。

これからの展開

千葉支部として、２０１４年3月までに50人の団体にしていくという目標があります。

そして、千葉支部にコミットしてくれるメンバーは、千葉の役に立つことでバイトをしなくても価値を提供できるような人材を育てます。

8　PBF（プロフェッショナル・ビジネスパーソン・ファーム）の概要

PBFってなに

株式会社キャリア・ナビゲーションが運営するビジネススクールには、PSFとPBFがあります。

PSFは学生中心で、プロフェッショナル・ビジネスパーソン・ファーム（以下、PBFと略称します）は社会人が中心となって行っています。要するに、学生と社会人の両方に向けて今後の日本を担っていく人材としての教育環境を提供しているのです。

PBFの組織

PBFは、社会人のキャリアアップのための協力組織です。起業をしたい方や副業で稼ぎたい方などが自身の考える目標に向かって進むための組織です。

社会人で所属することにより、会社以外でもアドバイスをもらう機会を得ることができ、他のメンバーが高い目標を持っているため、自分のモチベーションを高く持ち続けることができます。

人脈構築やビジネススキルの向上によって、それぞれの仕事にスキルを活かすこともできますし、PBFで得た新たなスキルや知識を利用して新しいサービスの提供に貢献することもできます。学生だけでなく、社会人になってからも成長の場を提供する組織を目指しています。

活動内容

ＰＳＦと同じように塾長や講師の方の講義が最初にあります。その後に実践などが続きます。そしてアクションプランの達成に向けての相談をしています。

ＰＳＦと違う点は、各々の目的が異なるため、アドバイスや協力はお互いにし合いますが、どちらかというと個人活動のサポートといった形であることです。

成果

まだ、ＰＢＦとしては、成果を上げることはできていません。たとえば、ＰＢＦの新入社員で、とても多く目標を掲げているメンバーは、本業に専念するためのアドバイスや協力を得ることができます。目標を達成し、成果を出し続けられる人材になるために、ＰＢＦで活動しています。

ＰＢＦのこれから

今後ＰＢＦを続けていく上で、本業でも副業でも成功する人間がきっと増えていくはずです。

そうなることで、ＰＢＦの規模を拡大化し、ビジネスの相互協力により、新しいものを生み出すことができると思っています。

おわりに

本書を発刊するにあたり、ご協力いただいたみなさん、本当にありがとうございました。本書は、当塾PSFの塾生が、出版社に営業をかけ、執筆に至りました。本当に感謝しています。塾生の数が200名を超え、今期、八王子・福岡と全国展開していく前の絶好のタイミングで本書を発刊することができて嬉しく思います。

また、本書を読んでいただいた学生の方の、今何をすべきかを考えるきっかけになればと思います。内容すべてに共感を得るつもりはありません。

ただ、本書を読んで、客観的な評価だけで終わってほしくはないと思います。自分は何ができるのかを1つでも見出し、気づいたことから行動してみましょう。

企業の経営者や採用担当者の方で読んでくださった方には、人材を獲得する際に少しでも参考になればと思います。企業をつくるのは人です。人づくりが必須です。私は、人をつくる環境を構築しようとしています。少しでも社会でお役に立てれば幸いです。

PSFの塾生として、本書の執筆にゼロから携わらせていただきました。まずは、この機会を与えてくださったことに感謝いたします。テーマの決定から、出版社への営業、執筆、校正まで行い、大変貴重な経験だったと思います。また、長嶋塾長の考え方やあり方を文字に残し、世に出すことは大変な重責に感じました。しかし、私達のやったことが本書という形として残ることは、他の何にも代えられない成果です。本書が少しでも多くの方の価値観を広げるきっかけになれば光栄に思います。（髙田　佳奈）

はじめに本書の制作のお話を伺ったときは、まさかここまで本格的な出版物になるとは思っていませんでした。そのため、企画から営業、執筆と常に自分の甘さを思い知ることになりました。しかし、四苦八苦しながらも、何とかここまで辿り着くことができたのは、周りの方の協力があってこそのものです。貴重な経験をありがとうございました。最後に、本書の制作に携わった私達は、普通の大学生です。ここまで読んでくださったみなさんが、今後「学生だから」と諦める前に少しでも本書のことを思い出してくださると嬉しいです。（新保　友里）

本書の企画書作成、出版社訪問、文章作成、校正などを経験しました。はじめてのことばかりで、何をしたらいいのかわからず、戸惑うことも多くありました。しかし、実際に本という形になり、本当によかったと思います。ご協力してくださった方々、サポートをしてくださったU氏、本当にありがとうございました。本書がみなさんの行動を起こすきっかけになることを心より願っています。（入澤　怜美）

編著者略歴

長嶋 哲夫（ながしま　てつお）

2002年上智大学大学院理学修士取得後、大学2年から始めたボクシングを26歳まで継続する。その後、専門商社の人事担当者および教育コンサルタント経験を経て、2010年に株式会社キャリアナビゲーションを設立。同社は、入社前の人材育成に特化し、2012年4月から高校生・大学生が中心のProfessional Student Firm（PSF）を運営中。人事・起業後合わせて4000人ほどの人材と面談。内定率は100%である。

執筆者

高田　佳奈　青山学院大学教育人間科学部心理学科4年生。
ＰＳＦには、2012年9月に入塾。今まで、複数クラスで教材作成や営業などに携わり、現在は、本書の出版クラスとママの雇用を支援するクラスに所属。

新保　友里　青山学院大学総合文化政策学部総合文化政策学科4年生。
大学3年次から入塾したＰＳＦでは出版クラスに所属し、本書の企画、営業、など制作に携わる。

入澤　怜美　専修大学人間科学部心理学科4年生。
ＰＳＦでは、塾長である長嶋の本の企画出版を行う出版クラスに所属。

一歩踏み出す勇気が出ないと思ったら読む本

2013年8月23日発行

編著者　長嶋 哲夫　©Tetsuo Nagashima

発行人　森　忠順

発行所　株式会社 セルバ出版
〒113-0034
東京都文京区湯島1丁目12番6号 高関ビル5B
☎ 03（5812）1178　FAX 03（5812）1188
http://www.seluba.co.jp/

発　売　株式会社 創英社／三省堂書店
〒101-0051
東京都千代田区神田神保町1丁目1番地
☎ 03（3291）2295　FAX 03（3292）7687

印刷・製本　モリモト印刷株式会社

Printed in JAPAN
ISBN978-4-86367-124-9